Crea il tuo Gioco R[...] con JavaScript

Guida Passo-Passo per Sviluppatori

IVO ROBERTIS

PREFAZIONE..5

   ORGANIZZAZIONE E CONTENUTO DEL LIBRO 5

   OBIETTIVO DEL LIBRO 11

   CONVENZIONI USATE IN QUESTO LIBRO 11

   COME SI USA IL CODICE RIPORTATO NEL TESTO 12

CAPITOLO 1: INTRODUZIONE AL GENERE DEI GIOCHI ROGUELIKE 13

   PANORAMICA DEL GENERE ROGUELIKE 13

   STORIA E CARATTERISTICHE DISTINTIVE DEI GIOCHI ROGUELIKE 15

   INTRODUZIONE AL CONCETTO DI ROGUELIKE TESTUALE 16

CAPITOLO 2: PREPARAZIONE DELL'AMBIENTE DI SVILUPPO.....................................20

   INSTALLAZIONE E CONFIGURAZIONE DEGLI STRUMENTI DI SVILUPPO JAVASCRIPT 20

   SCELTA DI UN FRAMEWORK O DI UNA LIBRERIA PER LO SVILUPPO DEL GIOCO.....................21

   CREAZIONE DI UN PROGETTO DI BASE PER IL GIOCO ROGUELIKE...24

CAPITOLO 3: CREAZIONE DELLA MAPPA E PROGETTAZIONE DELLA STRUTTURA DI
BASE DEL GIOCO 29

   STRUTTURE DATI PER RAPPRESENTARE LA MAPPA DI GIOCO 29

   DEFINIZIONE DEGLI ELEMENTI DI BASE E GENERAZIONE PROCEDURALE DELLA MAPPA 31

   GENERAZIONE PROCEDURALE DI LIVELLI...34

   CREAZIONE DI UNA GRAFICA SEMPLICE MA EFFICACE 37

   IMPLEMENTAZIONE DI UN EFFETTO "FOG OF WAR" 38

   CREAZIONE DI UNA SEMPLICE UI PER IL GIOCO...41

CAPITOLO 4: IMPLEMENTAZIONE DELLE LOGICA DEL GIOCO....................................45

   IMPLEMENTAZIONE DEL SISTEMA DI MOVIMENTO, ESPLORAZIONE E COLLISIONE 45

   PRIMA ESECUZIONE DEL GIOCO..60

   PROGETTAZIONE E IMPLEMENTAZIONE DI ANTAGONISTI E CREATURE AVVERSARIE 61

   DEFINIZIONE DEI COMPORTAMENTI E DELLE ABILITÀ DEI NEMICI 68

   GESTIONE DELLA SALUTE, DELL'ENERGIA E DI ALTRI ATTRIBUTI DEL PERSONAGGIO............76

   IMPLEMENTAZIONE DI UN SISTEMA DI MORTE PERMANENTE (PERMADEATH) 77

CAPITOLO 5: AGGIUNTA DI ELEMENTI AUDIO AL GIOCO 80

   INTEGRAZIONE DI EFFETTI SONORI E MUSICA NEL GIOCO..80

CAPITOLO 6: OTTIMIZZAZIONE E MIGLIORAMENTO DELLE PRESTAZIONI.................84

   TECNICHE DI OTTIMIZZAZIONE DEL CODICE JAVASCRIPT 84

   GESTIONE DELLA MEMORIA E DELLE RISORSE...91

   UTILIZZO DI ALGORITMI EFFICIENTI PER LA GENERAZIONE DI LIVELLI E PER IL CALCOLO DELLE AI DEI
NEMICI 92

   STRUMENTI E METODI PER IL DEBUGGING E IL PROFILING DEL GIOCO 93

   IDENTIFICAZIONE E RISOLUZIONE DEI BUG 95

TESTING DELL'EQUILIBRIO DI GIOCO E DELLA DIFFICOLTÀ 96

CAPITOLO 7: CONCLUSIONI E PROSSIMI PASSI **98**

RIASSUNTO DEI CONCETTI CHIAVE APPRESI NEL LIBRO 98

SUGGERIMENTI PER IL PERFEZIONAMENTO E L'ESTENSIONE DEL GIOCO ROGUELIKE 99

APPENDICE **101**

CODICE SORGENTE COMPLETO DEL GIOCO ROGUELIKE SVILUPPATO NEL LIBRO 101

RISORSE AGGIUNTIVE E LINK UTILI PER ULTERIORI APPROFONDIMENTI 123

    A* *123*

    Git *124*

    JavaScript *126*

    NotoFont *127*

ATTRIBUZIONI E LICENZE DI TERZE PARTI 128

LINKS UTILI 129

    emoji *129*

    howler.js *129*

    rot.js *129*

ELENCO DEI LIBRI DELLO STESSO AUTORE 130

Prefazione

Benvenuto alla prefazione del libro "Crea il tuo Gioco Roguelike con JavaScript: Guida Passo-Passo per Sviluppatori". Questo libro è stato creato con l'obiettivo di fornire una guida dettagliata e pratica per sviluppatori desiderosi di imparare a creare un gioco roguelike utilizzando il potente linguaggio di programmazione JavaScript.

Organizzazione e contenuto del libro

Capitolo 1: Introduzione al genere dei giochi roguelike

Panoramica del genere dei giochi roguelike:

In questo capitolo introduttivo, verrà fornita una panoramica approfondita del genere dei giochi roguelike. Saranno esaminati i principali elementi e le caratteristiche che definiscono questo genere di giochi, inclusi la generazione procedurale dei livelli, la morte permanente, il combattimento a turni e molto altro ancora.

Storia e caratteristiche distintive dei giochi roguelike:

In questo capitolo, esploreremo la storia dei giochi roguelike, dalle loro origini ai giorni nostri. Saranno analizzati i titoli più influenti e le caratteristiche che li rendono unici, come la casualità, la complessità delle meccaniche di gioco e la forte dipendenza dalle scelte del giocatore.

Introduzione al concetto di roguelike testuale:

Un sottogenere particolarmente rilevante dei giochi roguelike è rappresentato dai roguelike testuali. In questo capitolo, verranno introdotti i roguelike testuali, spiegando cosa li rende distinti e come si sviluppa l'esperienza di gioco in un'interfaccia basata su testo. Saranno anche presentati esempi di roguelike testuali famosi e apprezzati.

Capitolo 2: Preparazione dell'ambiente di sviluppo

Installazione e configurazione degli strumenti di sviluppo JavaScript:
Per iniziare a sviluppare un gioco roguelike con JavaScript, è necessario preparare l'ambiente di sviluppo. In questo capitolo, verranno fornite le istruzioni per l'installazione e la configurazione degli strumenti essenziali, come l'editor di codice e il server locale, per creare un ambiente di sviluppo funzionale.

Scelta di un framework o di una libreria per lo sviluppo del gioco:

Un aspetto cruciale nello sviluppo di un gioco roguelike è la scelta del framework o della libreria JavaScript da utilizzare. In questo capitolo, verranno presentate alcune delle opzioni più comuni e saranno valutate le loro caratteristiche, i vantaggi e gli svantaggi, per aiutare i lettori a prendere una decisione informata.

Creazione di un progetto di base per il gioco roguelike:

Una volta configurato l'ambiente di sviluppo e scelto il framework o la libreria, è il momento di creare un progetto di base per il gioco roguelike. In questo capitolo, verranno forniti gli elementi essenziali per iniziare, inclusa la struttura di directory, i file di configurazione e una semplice struttura HTML di base.

Capitolo 3: Creazione della mappa e progettazione della struttura di base del gioco

Strutture dati per rappresentare la mappa di gioco:

La creazione della mappa è un aspetto cruciale nel gioco roguelike. In questo capitolo, verranno esaminate diverse strutture dati utilizzate per rappresentare la mappa di gioco, come le matrici bidimensionali e le strutture a grafo, e saranno illustrate le relative implementazioni in JavaScript.

Generazione procedurale di livelli:

Una delle caratteristiche distintive dei giochi roguelike è la generazione procedurale dei livelli. In questo capitolo, verranno presentati algoritmi e tecniche per la generazione casuale dei livelli di gioco, comprese la creazione di labirinti, la disposizione di stanze e corridoi e l'aggiunta di elementi di gioco.

Definizione degli elementi di base:

Per creare un gioco roguelike coinvolgente, è importante definire gli elementi di base, come il personaggio giocatore, i nemici, gli oggetti e gli ambienti interattivi. In questo capitolo, verrà spiegato come definire e implementare tali elementi, comprese le loro proprietà, i comportamenti e le interazioni con il mondo di gioco.

Creazione di una grafica semplice ma efficace:

Anche se i roguelike testuali non si basano su grafiche avanzate, è comunque importante creare un'interfaccia utente grafica semplice ma efficace. In questo capitolo, verranno fornite le linee guida per la creazione di una grafica chiara e leggibile, utilizzando elementi come caratteri ASCII, colori e simboli.

Implementazione di un effetto "fog of war":

Un elemento comune nei giochi roguelike è l'effetto "fog of war", che limita la visibilità del giocatore alla porzione di mappa esplorata. In questo capitolo, verranno spiegate le tecniche per implementare l'effetto "fog of war", inclusa la gestione delle informazioni di visibilità e l'aggiornamento dinamico dell'interfaccia utente.

Creazione di una UI semplice per il gioco:

Un'interfaccia utente intuitiva e ben progettata è fondamentale per un'esperienza di gioco roguelike fluida. In questo capitolo, verranno presentate le best practice per la creazione di una UI semplice ma funzionale, inclusa la gestione degli input del giocatore, l'indicazione dello stato del gioco e la visualizzazione delle informazioni di gioco in modo chiaro e conciso.

Capitolo 4: Implementazione della logica del gioco

Implementazione del sistema di movimento, esplorazione e collisione:
Uno degli aspetti fondamentali di un gioco roguelike è la logica di movimento, esplorazione e collisione. In questo capitolo, verranno illustrate le tecniche per implementare un sistema di movimento fluente e reattivo, la gestione delle collisioni tra entità di gioco e la possibilità di esplorare e interagire con l'ambiente di gioco.

Prima esecuzione del gioco:

Dopo aver implementato la logica di base, è il momento di eseguire il gioco roguelike per la prima volta. In questo capitolo, verranno affrontati i passaggi necessari per eseguire il gioco, inclusa la visualizzazione della mappa di gioco, la gestione degli eventi e la risposta alle azioni del giocatore.

Progettazione e implementazione di nemici e creature avversarie:

Un aspetto essenziale dei giochi roguelike è la presenza di nemici e creature avversarie. In questo capitolo, verrà spiegato come progettare e implementare nemici con comportamenti e abilità uniche, inclusi i sistemi di intelligenza artificiale e di combattimento.

Definizione dei comportamenti e delle abilità dei nemici:

I nemici in un gioco roguelike devono essere dotati di comportamenti e abilità distintive per rendere il gioco interessante e sfidante. In questo capitolo, verranno affrontati gli aspetti della definizione dei comportamenti dei nemici, inclusi la navigazione della mappa, l'attacco al giocatore e l'utilizzo di abilità speciali.

Gestione della salute, dell'energia e di altri attributi del personaggio:

Il personaggio giocatore in un gioco roguelike deve essere dotato di attributi come la salute, l'energia e altre caratteristiche che influenzano il suo stato e le sue abilità. In questo capitolo, verrà spiegato come gestire tali attributi, inclusa la gestione delle interazioni con gli oggetti e le pozioni curative.

Implementazione di un sistema di morte permanente (permadeath):

La morte permanente è una caratteristica tipica dei giochi roguelike, dove la morte del personaggio giocatore comporta la fine definitiva della partita. In questo capitolo, verrà spiegato come implementare un sistema di morte permanente, inclusa la gestione dei punteggi e delle statistiche finali.

Capitolo 5: Aggiunta di elementi audio al gioco

Integrazione di effetti sonori e musica nel gioco:

Per arricchire l'esperienza di gioco, è possibile integrare effetti sonori e musica nel gioco roguelike. In questo capitolo, verranno presentate le tecniche per l'integrazione di effetti sonori per azioni di gioco, come il movimento e gli attacchi, e l'aggiunta di una colonna sonora appropriata per creare l'atmosfera desiderata.

Capitolo 6: Ottimizzazione e miglioramento delle prestazioni

Tecniche di ottimizzazione del codice JavaScript:

L'ottimizzazione del codice è un aspetto importante per garantire prestazioni fluide e reattive nel gioco roguelike. In questo capitolo, verranno presentate diverse tecniche di ottimizzazione del codice JavaScript, compreso l'utilizzo di algoritmi più efficienti, la riduzione del carico di calcolo e l'ottimizzazione delle chiamate di funzioni.

Gestione della memoria e delle risorse:

La gestione efficiente della memoria e delle risorse è cruciale per evitare problemi di prestazioni nel gioco roguelike. In questo capitolo, verranno spiegate le migliori pratiche per la gestione della memoria e l'ottimizzazione dell'utilizzo delle risorse, compreso il caricamento e lo scaricamento di risorse in modo efficiente.

Utilizzo di algoritmi efficienti per la generazione di livelli e per il calcolo delle AI dei nemici:

La generazione di livelli e il calcolo delle AI dei nemici possono essere processi computazionalmente intensivi. In questo capitolo, verranno presentati algoritmi efficienti per la generazione procedurale dei livelli e per la gestione delle AI dei nemici, con l'obiettivo di migliorare le prestazioni complessive del gioco.

Strumenti e metodi per il debugging e il profiling del gioco:

Il debugging e il profiling del gioco sono processi importanti per individuare e risolvere eventuali problemi e bug nel codice. In questo capitolo, verranno presentati strumenti e metodi per il debugging e il profiling del gioco roguelike, compresi i console.log(), gli strumenti di sviluppo del browser e altre tecniche di analisi del codice.

Identificazione e risoluzione dei bug:

Nel processo di sviluppo di un gioco roguelike, è comune incontrare bug e problemi. In questo capitolo, verranno fornite linee guida per l'identificazione e la risoluzione dei bug, inclusa la gestione degli errori, la registrazione dei bug e l'iterazione di debugging.

Testing dell'equilibrio di gioco e della difficoltà:

Il testing dell'equilibrio di gioco e della difficoltà è essenziale per garantire un'esperienza di gioco divertente e bilanciata. In questo capitolo, verranno presentate le strategie per testare e regolare l'equilibrio di gioco e la difficoltà, inclusa la raccolta di feedback dai giocatori e l'iterazione di aggiustamenti.

Capitolo 7: Conclusioni e prossimi passi

Riassunto dei concetti chiave appresi nel libro:

In questo capitolo conclusivo, verranno riassunti i concetti chiave appresi nel libro, mettendo in evidenza le competenze acquisite nello sviluppo di un gioco roguelike con JavaScript. Sarà un'opportunità per riflettere sul percorso di apprendimento e consolidare le conoscenze acquisite.

Suggerimenti per il perfezionamento e l'estensione del gioco roguelike:

Dopo aver completato il progetto di base, è possibile perfezionare e estendere il gioco roguelike aggiungendo nuove funzionalità e migliorando l'esperienza di gioco. In questo capitolo, verranno forniti suggerimenti su come espandere il gioco, inclusa l'implementazione di nuovi elementi di gioco, la creazione di livelli più complessi e l'aggiunta di meccaniche di gioco avanzate.

Possibili progetti futuri e approfondimenti nel campo dello sviluppo di giochi roguelike con JavaScript:

Infine, verranno presentati possibili progetti futuri e approfondimenti nel campo dello sviluppo di giochi roguelike con JavaScript. Questo capitolo fornirà spunti per ulteriori esplorazioni e sviluppi nel mondo dei giochi roguelike.

Appendice

Nell'appendice del libro, verrà fornito il codice sorgente completo del gioco roguelike sviluppato nel libro. I lettori avranno accesso a tutto il codice necessario per comprendere e implementare le varie funzionalità del gioco. Inoltre, potrebbero essere inclusi anche link a risorse aggiuntive e utili per ulteriori approfondimenti nel campo dello sviluppo di giochi roguelike con JavaScript.

Obiettivo del libro

L'obiettivo principale di questo libro è quello di accompagnarti passo dopo passo nell'intero processo di creazione di un gioco roguelike con JavaScript. Imparerai le fondamenta del genere roguelike, acquisirai familiarità con un framework perfetto per lo scopo e svilupperai le competenze necessarie per creare un'esperienza di gioco coinvolgente e appassionante.

Convenzioni usate in questo libro

Durante il tuo percorso di apprendimento, troverai alcune convenzioni utilizzate in questo libro per facilitare la comprensione e la fruizione del materiale. Ad esempio, il testo in grassetto verrà utilizzato per evidenziare i concetti chiave o i termini tecnici importanti. I blocchi di codice saranno formattati con un font monospazio e potrebbero includere commenti per spiegare il significato delle righe di codice.

Inoltre, saranno forniti esempi di codice pertinenti all'interno del testo per illustrare i concetti e le implementazioni discusse. Questi esempi di codice rappresenteranno un punto di partenza per il tuo progetto, ma saranno anche aperti a modifiche e personalizzazioni in base alle tue preferenze e alle esigenze del tuo gioco.

È importante notare che alcune variabili e parametri saranno definiti utilizzando nomi in italiano, mentre altri saranno in lingua inglese. Questa scelta è stata fatta per una più semplice gestione del codice e per adattarsi alle convenzioni comuni nell'ambito dello sviluppo di giochi. Tuttavia, potrai personalizzare questi nomi in base alle tue preferenze o esigenze specifiche del tuo progetto. L'importante è comprendere il significato e il ruolo di ciascuna variabile nel contesto del gioco.

Come si usa il codice riportato nel testo

Il codice riportato nel testo è stato progettato per essere comprensibile e accessibile anche ai lettori con una conoscenza di base di JavaScript. Sarà spiegato nel contesto pertinente e accompagnato da spiegazioni dettagliate per aiutarti a comprendere le diverse parti e il loro ruolo nel gioco roguelike.

Ti incoraggiamo a sperimentare con il codice fornito, apportando modifiche e personalizzazioni per adattarlo alle tue preferenze e alle esigenze specifiche del tuo gioco. Esplorare e sperimentare sono elementi essenziali per il tuo processo di apprendimento e ti permetteranno di approfondire la tua comprensione dei concetti e delle tecniche presentate nel libro.

In conclusione, questo libro è pensato per guidarti attraverso un viaggio emozionante nel mondo dei giochi roguelike sviluppati con JavaScript. Sia che tu sia un programmatore esperto o un principiante nel campo dello sviluppo di giochi, speriamo che questa guida ti ispiri, ti insegni nuove competenze e ti aiuti a realizzare il tuo gioco roguelike unico e avvincente.

"Un passo alla volta, verso l'ignoto." - NetHack

Capitolo 1: Introduzione Al Genere Dei Giochi Roguelike

In questo capitolo viene fornita una panoramica del genere dei giochi roguelike, inclusa la loro storia e le caratteristiche distintive. Viene introdotto il concetto di roguelike testuale, che sarà il focus del libro.

Panoramica del genere roguelike

I giochi roguelike costituiscono un genere di videogiochi con radici profonde e una lunga storia. Questi giochi prendono ispirazione dal gioco di ruolo originale "Rogue", creato nel 1980, da cui deriva il nome stesso del genere. I giochi roguelike si distinguono per la loro natura impegnativa, la generazione procedurale di contenuti e la morte permanente del personaggio.

Una delle caratteristiche chiave dei giochi roguelike è la loro natura basata su turni. Ogni azione del giocatore e di ogni entità nel gioco avviene in un ambiente a turni, consentendo ai giocatori di pianificare attentamente le proprie mosse e valutare le conseguenze prima di agire.

Un'altra caratteristica distintiva è la generazione procedurale dei livelli e dei contenuti di gioco. Ciò significa che ogni partita è unica, con dungeon, oggetti, nemici e altre caratteristiche che vengono generati casualmente o seguendo determinati algoritmi. Questo elemento di casualità rende ogni giocata un'esperienza diversa e offre molta rigiocabilità.

Un aspetto notevole dei giochi roguelike è la morte permanente del personaggio. Quando il personaggio del giocatore muore, non c'è possibilità di tornare indietro o caricare un salvataggio precedente. Questa morte permanente impone al giocatore di affrontare rischi e decisioni difficili durante il gioco, aumentando l'intensità e l'immersione nell'esperienza.

Inoltre, i giochi roguelike spesso includono una vasta gamma di abilità e opzioni strategiche. I giocatori possono sperimentare con diverse combinazioni di oggetti, abilità e approcci tattici per affrontare gli ostacoli e superare le sfide presenti nel gioco.

Infine, i giochi roguelike possono variare notevolmente nell'aspetto visivo e nell'implementazione delle meccaniche di gioco. Mentre alcuni si concentrano su grafiche ASCII minimaliste e testuali, altri presentano un'estetica più elaborata, utilizzando pixel art o grafica tridimensionale.

In questo capitolo introduttivo, esploreremo le caratteristiche fondamentali dei giochi roguelike e forniremo una base solida per comprendere e iniziare a sviluppare il tuo gioco roguelike utilizzando JavaScript.

Per approfondimenti successivi, ecco una lista dei migliori giochi Roguelike di tutti i tempi, non necessariamente solo testuali, accompagnata da una breve descrizione per ciascuno:

1. "NetHack": Un classico del genere, NetHack offre una profondità di gameplay incredibile, un'enorme varietà di oggetti e una vasta gamma di classi e razze giocabili. È noto per la sua alta sfida e il suo approccio di gioco "trial and error".

2. "Dungeon Crawl Stone Soup": Un Roguelike altamente accessibile e ben bilanciato, che offre molte scelte strategiche e tattiche. Ha una grande varietà di razze e classi, con molteplici modi per affrontare le sfide.

3. "Rogue Legacy": Un mix di Roguelike e gioco platform, Rogue Legacy presenta una meccanica unica di ereditarietà, in cui i giocatori controllano una serie di discendenti con abilità speciali. Ogni run è diversa e presenta nuovi ostacoli da superare.

4. "The Binding of Isaac": Basato sulla storia biblica di Isacco, questo gioco offre un'esperienza Roguelike che mescola elementi di sparatutto e dungeon crawler. Ogni run è generata casualmente e presenta una grande varietà di potenziamenti e nemici.

5. "Spelunky": Un platform Roguelike che sfida i giocatori a esplorare caverne generate casualmente, affrontando trappole mortali e nemici pericolosi. Ha una curva di apprendimento ripida ma gratificante.

6. "Enter the Gungeon": Un Roguelike a tema di sparatorie, in cui i giocatori esplorano un labirinto di stanze piene di nemici armati. Offre un'ampia varietà di armi e potenziamenti, creando un'esperienza frenetica e coinvolgente.

7. "Darkest Dungeon": Un gioco Roguelike con un'atmosfera gotica e tenebrosa, in cui i giocatori devono gestire un gruppo di eroi tormentati mentre esplorano dungeon pericolosi. Richiede pianificazione strategica e gestione delle risorse.

8. "Crypt of the NecroDancer": Un Roguelike musicale in cui i giocatori devono muoversi e combattere al ritmo della musica. Ogni livello è generato casualmente e richiede una combinazione di abilità ritmiche e tattiche.

9. "FTL: Faster Than Light": Un Roguelike spaziale in cui i giocatori comandano una nave spaziale e devono sopravvivere a incontri alieni, gestire risorse e prendere decisioni cruciali. Ogni run è unica e piena di imprevisti.

10. "Caves of Qud": Un Roguelike di ambientazione post-apocalittica e sci-fi, con un mondo generato proceduralmente ricco di profondità e complessità. Offre una vasta gamma di abilità, mutazioni e interazioni con l'ambiente.

Questa lista rappresenta solo una selezione dei migliori giochi Roguelike, ma ci sono molte altre gemme nascoste e titoli degni di nota nel genere. Ognuno di questi giochi offre un'esperienza unica e coinvolgente, con la sfida e la rigiocabilità tipiche dei Roguelike.

Storia e caratteristiche distintive dei giochi roguelike

I giochi roguelike hanno una storia affascinante che affonda le radici nel gioco di ruolo Rogue, sviluppato da Michael Toy e Glenn Wichman nel 1980. Rogue è stato un titolo innovativo che ha introdotto molte delle caratteristiche fondamentali dei giochi roguelike che conosciamo oggi.

La caratteristica principale che ha definito Rogue e ha influenzato i giochi roguelike successivi è stata la generazione procedurale dei livelli. In Rogue, i dungeon e i loro contenuti venivano generati casualmente ad ogni nuova partita. Ciò ha reso ogni sessione di gioco unica, offrendo un'esperienza sempre diversa e stimolante.

Un'altra caratteristica distintiva di Rogue e dei giochi roguelike è la morte permanente del personaggio. Quando il personaggio muore, è necessario ricominciare da capo, perdendo tutti i progressi e gli oggetti acquisiti durante la partita. Questa meccanica ha aggiunto una tensione e una sfida significative, poiché le decisioni dovevano essere ponderate attentamente per evitare la morte definitiva.

La natura basata su turni dei giochi roguelike è un'altra caratteristica distintiva. I giocatori e gli avversari si alternano per compiere azioni, consentendo ai giocatori di pianificare le proprie mosse e adottare strategie oculate. Questo sistema di turni ha dato ai giochi roguelike una profondità tattica e ha richiesto una gestione oculata delle risorse e delle abilità del personaggio.

Molte delle caratteristiche dei giochi roguelike sono state poi adottate da altri giochi, spesso in combinazione con altri generi, creando ibridi roguelike. Ad esempio, l'elemento di generazione procedurale dei livelli è stato incluso in molti giochi d'azione e avventura, portando alla creazione di giochi roguelike a piattaforme o di roguelike d'azione.

Nel corso degli anni, i giochi roguelike hanno continuato a evolversi e ad affinare le loro caratteristiche distintive. Sono stati sviluppati nuovi approcci grafici, stili di gameplay innovativi e una varietà di tematiche e ambientazioni. Nonostante queste variazioni, i giochi roguelike mantengono ancora le loro caratteristiche principali di generazione procedurale, morte permanente e giocabilità a turni.

Nel capitolo successivo, esploreremo le basi dello sviluppo di un gioco roguelike utilizzando JavaScript, fornendo le competenze e le conoscenze necessarie per creare un'avventura roguelike coinvolgente e appassionante.

Introduzione al concetto di roguelike testuale

Una variante particolare dei giochi roguelike è rappresentata dai roguelike testuali, che si concentrano sull'aspetto testuale e sulla narrazione. Questi giochi si basano principalmente sull'uso di caratteri ASCII e testo per rappresentare il mondo di gioco, i personaggi e gli oggetti.

Il roguelike testuale offre un'esperienza di gioco unica, che si basa sulla potenza dell'immaginazione dei giocatori. Con l'uso di caratteri ASCII, i giocatori sono chiamati a visualizzare il mondo di gioco nella loro mente, creando un'immagine mentale del labirinto, dei nemici e delle situazioni che si presentano.

Una delle sfide e delle opportunità offerte dal roguelike testuale è la capacità di creare un'ambientazione coinvolgente e una narrazione avvincente utilizzando il solo testo. Le descrizioni dettagliate degli ambienti, dei personaggi e degli eventi devono essere scritte in modo accurato e coinvolgente per trasmettere un'esperienza immersiva ai giocatori.

L'uso del testo come mezzo di rappresentazione può anche ampliare le possibilità creative per i designer di giochi roguelike. Gli sviluppatori possono sfruttare l'aspetto testuale per creare meccaniche innovative e interazioni complesse basate sulla scrittura. Ad esempio, le scelte dei giocatori possono essere presentate sotto forma di testo e le loro azioni possono influire sulla trama e sulle opzioni future.

Nonostante l'aspetto visivo minimalista, i roguelike testuali sono noti per la loro profondità e complessità di gioco. Spesso offrono una vasta gamma di opzioni strategiche, abilità da scoprire e segreti da rivelare. I giocatori sono spinti a esplorare attentamente l'ambiente di gioco, a prendere decisioni ponderate e a pianificare le loro azioni per sopravvivere e progredire.

Nel corso di questo libro, impareremo come sfruttare il potenziale dei roguelike testuali utilizzando JavaScript. Esploreremo le tecniche per creare un'ambientazione coinvolgente, sviluppare una narrazione avvincente e implementare meccaniche di gioco testuali che offrano una sfida interessante per i giocatori.

Di seguito la lista dei migliori giochi Roguelike "testuali", accompagnata da una breve descrizione per ciascuno:

1. "Rogue": Il gioco che ha dato origine al genere Roguelike. Rogue è un gioco di esplorazione dungeon in cui i giocatori devono affrontare pericoli mortali, raccogliere tesori e cercare di raggiungere il fondo del dungeon vivo.

2. "Angband": Un classico Roguelike che si svolge in un vasto labirinto sotterraneo popolato da nemici e tesori. Il gioco offre una grande varietà di classi e razze giocabili, insieme a una sfida elevata e una profondità di gameplay impressionante.

3. "Nethack": Un successore di Rogue, Nethack è considerato uno dei Roguelike più complessi e profondi mai realizzati. Offre una vasta gamma di razze, classi, oggetti e meccaniche di gioco, insieme a molte trappole e nemici letali.

4. "ADOM (Ancient Domains of Mystery)": Un Roguelike epico con una trama ricca e un mondo di gioco estremamente dettagliato. ADOM offre molte possibilità di personalizzazione del personaggio, una grande varietà di avventure e molte sfide da affrontare.

5. "Crawl (Dungeon Crawl Stone Soup)": Un Roguelike che si concentra sull'essenziale, offrendo un'esperienza di gioco equilibrata e impegnativa. Crawl presenta una grande varietà di razze e dei, con una curva di apprendimento accessibile ai nuovi giocatori del genere.

6. "Brogue": Un Roguelike elegante e minimalista che si concentra sull'interazione con l'ambiente e sulla pianificazione strategica. Brogue presenta una grafica ASCII pulita e una profondità di gameplay sorprendente.

7. "DCSS (Dungeon Crawl Stone Soup)": Una versione moderna di Dungeon Crawl, DCSS offre una vasta gamma di razze, classi e meccaniche di gioco. È noto per la sua bilanciatura attenta e la sua interfaccia utente intuitiva.

8. "Roguelike Collection": Una raccolta di giochi Roguelike classici che include diversi titoli iconici come Larn, Hack, Moria e Rogue. Questa collezione offre un'opportunità di giocare ai giochi che hanno contribuito a definire il genere.

9. "Omega": Un Roguelike con una ricca storia e un gameplay dettagliato. Omega offre una vasta gamma di avventure, missioni e personaggi, con una sfida impegnativa e molte possibilità di esplorazione.

10. "Zangband": Un Roguelike basato su Angband, Zangband presenta un mondo di gioco estremamente ampio e complesso. Offre una vasta gamma di razze, classi e meccaniche uniche.

11. Quello che stai per fare tu.

"Niente è garantito in un mondo generato casualmente. L'adattabilità è la chiave." - Tales of Maj'Eyal

Capitolo 2: Preparazione Dell'ambiente Di Sviluppo

Questo capitolo si concentra sull'installazione e la configurazione degli strumenti di sviluppo JavaScript necessari per creare il gioco roguelike. Viene anche discusso il processo di scelta di un framework o di una libreria per lo sviluppo del gioco e viene illustrata la creazione di un progetto di base.

Installazione e configurazione degli strumenti di sviluppo JavaScript

Prima di iniziare a sviluppare il tuo gioco roguelike con JavaScript, è importante configurare correttamente l'ambiente di sviluppo. In questo paragrafo, ti guiderò attraverso l'installazione e la configurazione degli strumenti necessari per lavorare con JavaScript.

Un ambiente di sviluppo altamente raccomandato per lo sviluppo JavaScript è Visual Studio Code. Visual Studio Code, spesso abbreviato come VS Code, è un editor di codice sorgente leggero, potente e altamente personalizzabile sviluppato da Microsoft. È disponibile gratuitamente per diverse piattaforme, tra cui Windows, macOS e Linux.

Una delle principali ragioni per cui Visual Studio Code è ampiamente utilizzato dagli sviluppatori JavaScript è la sua estensibilità. Puoi installare un'ampia gamma di estensioni che aggiungono funzionalità specifiche per lo sviluppo JavaScript, semplificando il lavoro e migliorando la produttività.

Visual Studio Code offre inoltre un'interfaccia utente intuitiva e personalizzabile. Puoi organizzare le finestre, le schede e le viste in base alle tue preferenze, garantendo un ambiente di lavoro confortevole e personalizzato.

Per installare Visual Studio Code, segui questi passaggi:

1. Visita il sito web ufficiale di Visual Studio Code all'indirizzo https://code.visualstudio.com.

2. Seleziona la versione di Visual Studio Code compatibile con il tuo sistema operativo (Windows, macOS o Linux).

3. Avvia l'installer e segui le istruzioni visualizzate sullo schermo per completare l'installazione.

Una volta installato Visual Studio Code, puoi configurare l'editor in base alle tue preferenze. Esplora le impostazioni per personalizzare il tema, l'indentazione, le scorciatoie da tastiera e molto altro ancora.

Oltre a Visual Studio Code, potresti voler utilizzare un browser moderno per testare e debuggare il tuo gioco roguelike. Browser come Google Chrome, Mozilla Firefox o Microsoft Edge offrono potenti strumenti di sviluppo incorporati che consentono di ispezionare il codice, analizzare le prestazioni e risolvere i bug.

Una volta che hai configurato il tuo ambiente di sviluppo con Visual Studio Code e il browser di tua scelta, sarai pronto per iniziare a scrivere il codice per il tuo gioco roguelike con JavaScript. Nel prossimo capitolo, esploreremo la creazione della mappa di gioco, una delle componenti fondamentali di un roguelike.

Scelta di un framework o di una libreria per lo sviluppo del gioco

Quando si tratta di sviluppare un gioco roguelike con JavaScript, può essere utile utilizzare un framework o una libreria specializzata per semplificare il processo di sviluppo. Questi strumenti forniscono un insieme di funzionalità predefinite e astrazioni che consentono di concentrarsi sulla logica del gioco anziché sulle complessità tecniche.

Un framework popolare e ben consolidato per lo sviluppo di giochi roguelike in JavaScript è "rot.js". Rot.js, che sta per "Roguelike Toolkit in JavaScript", è una libreria open-source che offre una serie di funzioni per creare e gestire elementi chiave di un gioco roguelike, come la generazione procedurale di mappe, l'interazione con il personaggio e gli avversari, e la gestione dell'interfaccia utente.

Rot.js è noto per la sua flessibilità e facilità d'uso. Offre una vasta gamma di funzionalità per adattarsi alle esigenze specifiche del tuo gioco roguelike e ti permette di personalizzare e ampliare il framework in base alle tue necessità.

Il framework rot.js offre diversi algoritmi per la generazione di contenuti e l'intelligenza artificiale all'interno dei giochi. Di seguito sono elencati alcuni degli algoritmi più comuni disponibili in rot.js:

1. Generazione di mappe: rot.js fornisce vari algoritmi per generare mappe di gioco, come la generazione casuale di labirinti (Random Walker, Eller's Algorithm), la generazione di mappe cellulari (Cellular Automaton), la generazione di mappe basate su tiling (Dungeon, Uniform, Divided Maze) e altri.

2. Algoritmi di percorso: oltre all'algoritmo A* che abbiamo già discusso, rot.js include altri algoritmi di percorso come Dijkstra, Breadth-First Search (BFS), Depth-First Search (DFS), nonché diverse varianti e opzioni per la gestione del percorso.

3. Algoritmi di generazione di contenuti: rot.js offre algoritmi per la generazione di contenuti casuali, come la generazione di nomi (Markov Chains), la generazione di città, la generazione di mostri (Probabilistic, Digger), la generazione di oggetti, la generazione di dialoghi e altro ancora.

4. Algoritmi di generazione di livelli: per la generazione di livelli di gioco complessi, rot.js include algoritmi come BSP (Binary Space Partitioning), roguelike cellular automata (RCA), generazione di stanze e corridoi, generazione di dungeon a tema e altri.

5. Algoritmi di intelligenza artificiale: rot.js include supporto per l'intelligenza artificiale dei personaggi non giocanti (NPC) all'interno del gioco, come algoritmi per il movimento casuale, il movimento basato su percorso, la ricerca delle linee di vista, l'intelligenza artificiale basata su comportamenti e altro ancora.

Questi sono solo alcuni esempi degli algoritmi disponibili in rot.js. Il framework offre molte altre funzionalità e algoritmi che possono essere utilizzati per arricchire l'esperienza di gioco e la generazione di contenuti.

Rot.js fornisce anche supporto per l'utilizzo di diversi tipi di font, inclusi quelli emoji. Uno dei font consigliati per i giochi roguelike testuali è il font "NotoEmoji". Questo font include una vasta gamma di emoji che possono essere utilizzate per rappresentare personaggi, oggetti e altre entità nel gioco. Puoi utilizzare il font NotoEmoji nel tuo gioco roguelike specificando la sua importazione nel file HTML principale del tuo progetto, come mostrato nell'esempio seguente.

```
<style>
  @font-face {
    font-family: 'Noto';
    src: url('NotoEmoji-Regular.ttf') format('truetype');
  }
  body {
    font-family: 'Noto';
  }
</style>
```

Assicurati di avere il file del font "NotoEmoji-Regular.ttf" presente nella tua struttura del progetto e specifica correttamente il percorso nel file HTML. Con l'utilizzo del font NotoEmoji, puoi aggiungere un tocco visivo divertente e accattivante al tuo gioco roguelike testuale.

Uno dei casi di successo dell'utilizzo di rot.js è il gioco "Brogue", sviluppato da Brian Walker. Brogue è un roguelike molto apprezzato che combina l'aspetto classico dei giochi roguelike con un'interfaccia intuitiva e una grafica minimalista. Rot.js è stato utilizzato come base per la generazione dei livelli e la gestione dei personaggi, consentendo a Walker di concentrarsi sulla creazione di un'esperienza di gioco coinvolgente e bilanciata.

Un altro esempio di successo è il gioco "Dungeon of Elements" sviluppato da Frogdice. Questo roguelike unisce elementi di puzzle e strategia, offrendo una sfida stimolante e una trama avvincente. Rot.js è stato utilizzato per gestire la generazione dei livelli, il combattimento a turni e l'interfaccia utente, consentendo agli sviluppatori di focalizzarsi sulla creazione di puzzle e meccaniche di gioco interessanti.

L'utilizzo di un framework o di una libreria come rot.js può semplificare il processo di sviluppo del tuo gioco roguelike, riducendo il tempo e lo sforzo necessari per implementare le funzionalità di base. Tuttavia, è importante tenere presente che puoi anche scegliere di sviluppare il tuo gioco da zero utilizzando solo JavaScript puro, se desideri avere un maggiore controllo e personalizzazione dell'intero processo di sviluppo.

Nel prossimo capitolo, esploreremo come utilizzare rot.js per creare e gestire la generazione dei livelli del tuo gioco roguelike, fornendoti le competenze necessarie per creare dungeon avvincenti e variegati.

Creazione di un progetto di base per il gioco roguelike

Per iniziare a sviluppare il tuo gioco roguelike con JavaScript, segui questi step per creare un progetto di base:

1. Creazione di una cartella di progetto: Inizia creando una cartella dedicata al tuo progetto roguelike sul tuo computer. Assegna un nome significativo alla cartella per identificarla facilmente.

2. Installazione di dipendenze: Per utilizzare il framework rot.js nel tuo progetto, aggiungi il framework tramite una riga di codice HTML nel tuo file principale. Nel file "roguelike.html", inserisci la seguente riga di codice all'interno della sezione `<head>`:

<script src="https://cdn.jsdelivr.net/npm/rot-js@2/dist/rot.js"></script>

Questa riga di codice importa il framework rot.js nel tuo progetto, consentendoti di utilizzarlo per implementare le funzionalità del gioco roguelike.

3. Struttura del progetto: Organizza la struttura del tuo progetto roguelike creando le cartelle necessarie. Ad esempio, puoi creare una cartella chiamata "src" per il codice sorgente, una cartella chiamata "assets" per le risorse (come immagini o suoni) e una cartella chiamata "docs" per la documentazione. Assicurati di creare una struttura che sia logica e coerente con le tue esigenze.

4. File di base: Crea i file di base necessari per il tuo gioco roguelike. Inizia con il file HTML principale chiamato "roguelike.html". Puoi utilizzare un editor di testo o un IDE per creare questo file. Incolla il seguente codice nel tuo file "roguelike.html":

```html
<html>
  <head>
    <meta charset="UTF-8">
    <title>ROGUELIKE 0.1</title>
    <script src="https://cdn.jsdelivr.net/npm/rot-js@2/dist/rot.js"></script>
    <script src="roguelike.js"></script>
    <style>
      @font-face {
        font-family: 'Noto';
        src: url('NotoEmoji-Regular.ttf') format('truetype');
      }
      body {
        font-family: 'Noto';
      }
    </style>
  </head>


  <body onload="Game.init()"></body>
</html>
```

Questo codice costituisce il tuo file HTML principale per il gioco roguelike. Include il framework rot.js tramite la riga di codice `<script>` che importa il framework dall'URL fornito.

```
<script src="https://cdn.jsdelivr.net/npm/rot-js@2/dist/rot.js"></script>
```

Inoltre, viene incluso un file JavaScript chiamato "roguelike.js", che conterrà la logica di gioco del tuo roguelike.

```
<script src="roguelike.js"></script>
```

Infine viene definito il font che verrà utilizzato nel gioco tramite il tag `<style>`.

```
<style>
  @font-face {
    font-family: 'Noto';
    src: url('NotoEmoji-Regular.ttf') format('truetype');
  }
  body {
    font-family: 'Noto';
  }
</style>
```

Assicurati di avere questi file presenti nella struttura del tuo progetto.

Ora puoi procedere alla creazione del file "roguelike.js", che conterrà la logica del tuo gioco roguelike. All'interno della cartella del tuo progetto, crea un nuovo file chiamato "roguelike.js". Apri il file "roguelike.js" con il tuo editor e inizia a scrivere il codice per la logica del gioco:

```
var Game = {
  init:
  function()
  {
    // Impostiamo le dimensioni della mappa:
    // 64 caratteri in larghezza
    // 32 caratteri in altezza
    const width = 64
    const height = 32

    var options =
    {
      width: width, // larghezza della mappa
      height: height, // altezza della mappa
      fontSize: 16, // dimensione del carattere a video
      fontFamily: "Noto", // nome del font utilizzato
      fg: "#000000", // colore del font
      bg: "#ffffff", // colore del font
      // altre opzioni
```

```
};

var display = new ROT.Display(options)

// Creazione del canvas per il disegno dell'HUD
var options =
{
    width: 7,
    height: height,
    fontSize: 16,
    fontFamily: "Noto",
    fg: "#000000",
    bg: "#ffffff",
    // altre opzioni
};

var displayHUD = new ROT.Display(options)

// ULTIMO PASSO => aggiungiamo i display, per il gioco e per l'HUD
document.body.appendChild(displayHUD.getContainer())
document.body.appendChild(display.getContainer())


    }
}
```

Relativamente a questa riga di codice:

```
        fontFamily: "Noto", // nome del font utilizzato
```

occorre sottolineare che il valore "Noto" è quello definito nel tag <style> presente all'interno del file "roguelike.html".

Una volta completata la creazione dei file "roguelike.html" e "roguelike.js", avrai a disposizione una solida base da cui iniziare lo sviluppo del tuo gioco roguelike utilizzando JavaScript e il framework rot.js. Questo progetto di base ti permetterà di concentrarti sulla logica di gioco, sulle meccaniche e sulle funzionalità senza doverti preoccupare dell'infrastruttura di base.

Ora sei pronto per immergerti nella creazione del tuo gioco roguelike, utilizzando le potenti funzionalità del linguaggio JavaScript e sfruttando le possibilità offerte dal framework rot.js. Sarai in grado di generare dungeon casuali, gestire l'interazione del giocatore con il mondo di gioco, implementare combattimenti, oggetti, abilità e molto altro ancora.

"La morte è inevitabile, ma l'immortalità si raggiunge attraverso le gesta eroiche." - Cogmind

Capitolo 3: Creazione Della Mappa E Progettazione Della Struttura Di Base Del Gioco

Nel terzo capitolo si affronta la creazione della mappa di gioco e la progettazione della struttura di base del gioco roguelike. Vengono esplorate le diverse strutture dati per rappresentare la mappa e viene discusso il concetto di generazione procedurale dei livelli. Si introduce anche la definizione degli elementi di base del gioco e si discute la creazione di una grafica semplice ma efficace. Infine, viene trattata la creazione di una UI semplice per il gioco.

Strutture dati per rappresentare la mappa di gioco

Quando si tratta di creare un gioco roguelike, la rappresentazione accurata e efficiente della mappa di gioco è fondamentale. La scelta delle strutture dati giuste può influire sulla velocità di esecuzione del gioco e sulla facilità di implementazione delle funzionalità desiderate.

Una matrice bidimensionale è una struttura dati che organizza gli elementi in righe e colonne. In questo caso, ogni elemento della matrice rappresenta una cella della mappa di gioco. Ad esempio, se la mappa è composta da 10 righe e 10 colonne, la matrice avrà dimensioni 10x10.

La matrice bidimensionale offre una rappresentazione semplice e intuitiva della mappa. Ogni elemento della matrice può contenere informazioni come il tipo di terreno, la presenza di ostacoli, la posizione degli oggetti o i personaggi presenti nella cella corrispondente. Puoi accedere facilmente ai dati di ogni cella utilizzando le coordinate di riga e colonna.

Una delle principali vantaggi della matrice bidimensionale è l'accesso diretto e veloce ai dati. Puoi facilmente leggere o modificare le informazioni di una specifica cella utilizzando gli indici di riga e colonna corrispondenti. Questa caratteristica è particolarmente utile per implementare funzionalità come il movimento dei personaggi, il rilevamento delle collisioni o la gestione degli oggetti sulla mappa.

Tuttavia, la matrice bidimensionale può richiedere un maggior consumo di memoria rispetto ad altre strutture dati, specialmente se la mappa è molto grande. Inoltre, se la mappa è soggetta a modifiche frequenti durante il gioco, potrebbe essere necessario aggiornare e mantenere coerenti le informazioni in tutte le celle della matrice.

Un'altra opzione è l'utilizzo di una lista di collegamenti o un grafo. In questo caso, ogni nodo rappresenta una cella della mappa e gli archi definiscono le connessioni tra le celle adiacenti. Questa struttura dati può essere particolarmente utile per gestire il movimento dei personaggi o la generazione di percorsi ottimali per l'intelligenza artificiale dei nemici. Tuttavia, richiede un approccio leggermente più complesso rispetto alla matrice bidimensionale.

Inoltre, a seconda delle esigenze del gioco, potrebbe essere necessario utilizzare strutture dati aggiuntive per memorizzare informazioni specifiche della mappa. Ad esempio, potresti utilizzare una mappa hash per tenere traccia degli oggetti presenti in ogni cella o una struttura dati di tipo set per memorizzare le aree speciali o le posizioni dei nemici.

La scelta della struttura dati dipende dalle caratteristiche del tuo gioco e dagli obiettivi che vuoi raggiungere. È importante considerare la complessità computazionale delle operazioni che devono essere eseguite sulla mappa e valutare quale struttura dati offre le migliori prestazioni in base a tali requisiti.

Nel capitolo, esploreremo in dettaglio la prima opzione, cioè l'implementazione della matrice bidimensionale per rappresentare la mappa di gioco. Discuteremo delle operazioni di base, come l'inizializzazione della matrice, l'accesso ai dati delle celle e le operazioni di aggiornamento. Inoltre, esamineremo come gestire le sfide comuni, ad esempio la generazione procedurale della mappa e la gestione delle connessioni tra le celle.

Ricorda che la scelta della struttura dati dipende dalle esigenze specifiche del tuo gioco. La matrice bidimensionale è solo una delle opzioni disponibili e potresti valutare altre strutture dati come liste di collegamenti o grafi se le caratteristiche del tuo gioco richiedono una gestione più complessa delle connessioni tra le celle.

Definizione degli elementi di base e generazione procedurale della mappa

Prima di tutto definiamo i caratteri con i quali disegneremo il carattere "vuoto", il giocatore, le risorse, gli utensili principali e il punto di respawn del giocatore, che chiameremo "campobase". Il giocatore inizierà la partita proprio da questo punto di respawn, definito nel momento in cui viene generata la mappa procedurale, all'inizio di ogni una nuova partita.

```
const emptyChar=""
const carGermogli = '🌱'
const carFunghi = '🍄'
const carAcqua = '💧'
const carAscia = '🪓'
const carPiccone = '⛏'
const carArco = '🏹'
const carCanna = '🎣'

const carCampoBase = '🏕'
const carPlayer = '🙂'
```

Poi definiamo il nostro giocatore, che chiameremo "player".

```
// Creazione del protagonista
var player =
{
    x: Math.floor(Math.random() * width), // posizione casuale nel bosco
    y: Math.floor(Math.random() * height),// posizione casuale nel bosco
    carVivo: '🙂', // carattere usato per disegnare il giocatore da vivo
    carMorto: '💀', // carattere usato per disegnare il giocatore da morto
    vita: 100,
    passiTot: 0, // passi che il giocatore farà per tutta la sua vita
    speed: 1, // velocità di movimento
    sprintSpeed: 2, // velocità di movimento quando sprinta
    isSprinting: false, // sta sprintando?
```

```
    isUsingTool: false, // sta usando un utensile?

    // segue lista di risorse che il giocatore raccoglie e trasporta
    // mentre esplora.
    germogli: 0,
    funghi: 0,
    acqua: 0,
    legno: 0,
    pietre: 0,
    // segue lista degli utensili che il giocatore può usare
    ascia: 30, // 30 punti vita prima di rompersi
    piccone: 30,
    arco: 10,
    canna: 10,

    distance: function(x, y) {
        // Calcola la distanza tra il giocatore (player.x, player.y)
        // e la cella (x, y)
        var dx = Math.abs(this.x - x);
        var dy = Math.abs(this.y - y);
        return Math.sqrt(dx * dx + dy * dy);
    }
}

// creazione campo base
var campobase =
{
    // posizione creata su quella del giocatore.
    x: player.x,
    y: player.y,
    // segue lista di risorse presenti nel campobase
    germogli: 0,
    funghi: 0,
    acqua: 0,
    legno: 0,
    pietre: 0
}
```

```
// funzione per resettare la posizione e le risorse presenti
// nel campobase, quando dobbiamo cominciare una nuova partita.
function resetcampobase()
{
    campobase.x = player.x
    campobase.y = player.y
    campobase.germogli = 0
    campobase.funghi = 0
    campobase.acqua = 0
    campobase.legno = 0
    campobase.pietre = 0
}
```

Per disegnare il protagonista, utilizziamo la funzione drawPlayer().

```
// Funzione di disegno del protagonista
function drawPlayer ()
{
    var char = "
    if (playerDied === true) char = player.carMorto
    else char = player.carVivo

    display.draw(player.x, player.y, char)
}
```

All'interno di questa funzione, controlliamo lo stato del giocatore (se è vivo o morto) e assegnamo il carattere corrispondente. Se il giocatore è morto, utilizziamo il carattere player.carMorto, altrimenti utilizziamo player.carVivo. Successivamente, utilizziamo la funzione display.draw() per disegnare il personaggio nella posizione corrente.

Inoltre, abbiamo la funzione drawCampobase() per disegnare il campo base del protagonista.

```
// Funzione di disegno del campo base protagonista
function drawCampobase ()
```

```
    {
        display.draw(campobase.x, campobase.y, carCampoBase)
    }
```

Utilizziamo la funzione display.draw() passando le coordinate del campo base (campobase.x e campobase.y) e il carattere carCampoBase corrispondente.

Queste funzioni saranno richiamate durante la generazione della mappa e il disegno degli elementi di gioco, assicurandoci che il giocatore e il campo base siano visualizzati correttamente sulla mappa.

Ok! Ora passiamo alla mappa.

Generazione procedurale di livelli

La generazione procedurale di livelli è un processo essenziale per creare in modo casuale e dinamico gli ambienti di gioco nel nostro roguelike. Nell'ambito di questo libro, utilizzeremo il framework rot.js per implementare la generazione procedurale dei livelli.

È importante sottolineare che il nostro gioco non si svolge in un dungeon e che lo scenario non appartiene al genere fantasy. Invece, l'ambientazione del gioco che stiamo creando è una foresta selvaggia e inesplorata. Il giocatore si trova immerso in questa vasta foresta e deve cercare di sopravvivere agli attacchi degli animali aggressivi che la abitano. Il giocatore deve stare attento, perché gli animali possono infliggere danni al giocatore se si avvicinano troppo.

Lo scopo del gioco è quello di resistere il più a lungo possibile, muovendosi attraverso la foresta ed evitando gli animali pericolosi e proteggendo la propria vita. Il giocatore può esplorare l'ambiente circostante, scoprire luoghi segreti e raccogliere risorse per migliorare le proprie possibilità di sopravvivenza. Gli animali si muoveranno in modo casuale nel bosco, ma se il giocatore si avvicina troppo a quelli aggressivi, gli daranno la caccia.

Per realizzare la generazione procedurale dei livelli, faremo ampio uso del framework rot.js. Questo framework offre strumenti potenti per la creazione di mappe casuali, permettendoci di generare la nostra foresta in modo efficiente. Utilizzeremo algoritmi specifici per la generazione procedurale di paesaggi naturali, in modo da ottenere una foresta realistica e convincente per l'esperienza di gioco.

Durante il processo di generazione, potremo applicare regole e vincoli per garantire che la mappa creata sia bilanciata e interessante da esplorare. Ad esempio, potremo regolare la distribuzione degli elementi, come la presenza di alberi, di cibo e di risorse, di animali selvatici o punti di interesse. Inoltre, potremo controllare il livello di difficoltà della foresta, regolando la presenza di nemici o ostacoli di vario genere.

La generazione procedurale dei livelli sarà responsabile della creazione di una foresta unica ad ogni partita, offrendo al giocatore una sfida sempre diversa. Attraverso l'utilizzo del framework rot.js e la progettazione attenta degli algoritmi di generazione, potremo garantire una varietà di ambienti interessanti e un'esperienza di gioco coinvolgente.

A questo punto siamo pronti per definire la funzione che crea la mappa di gioco. Innanzi tutto definiamo l'oggetto "map" che conterrà la matrice bidimensionale della mappa di gioco. Inoltre definiamo come sarà disegnato

```
// Impostazione della mappa di gioco
var map = {}

function createMap ()
{
    for (var x = 0; x < width; x++)
    {
        map[x] = {};
        for (var y = 0; y < height; y++)
        {
            // creiamo un generatore di numeri casuali
            var rand = Math.random();
            if (x >= player.x - 1
            && x <= player.x + 1
            && y >= player.y - 1
```

```
        && y <= player.y + 1) {
            // disegna il carattere nullo per i tiles
            // adiacenti al giocatore.
            map[x][y] = emptyChar;
        } else if (rand < 0.1) {
            // al 10% delle volte,
            // assegna il carattere acqua
            map[x][y] = '□';
        } else if (rand < 0.2) {
            // Al 20% delle volte, assegna il carattere di cibo vegetale
            // con una probabilità del 70% per '□' e 30% per '□'
            map[x][y] = (Math.random() < 0.7) ? '□' : '□';
            // con una probabilità del 70% per '🍄' e 30% per '🍄'
            map[x][y] = (Math.random() < 0.7) ? '🍄' : '🍄';
        } else if (rand < 0.7) {
            // Al 50% delle volte rimanenti, assegna il carattere
            // degli alberi con una probabilità del 20% per '🌳'
            // e 80% per '🌲'
            map[x][y] = (Math.random() < 0.2) ? '🌳' : '🌲';
        } else if (rand < 0.75) {
            // Al 5% delle volte rimanenti,
            // assegna il carattere "montagna"
            map[x][y] = String.fromCharCode(9968);
        } else
        {
            map[x][y] = emptyChar;
        }
    }
}

    //salvo la posizione del campobase
    map[campobase.x][campobase.y] = carCampoBase
}

// *** creiamo la mappa procedurale!
createMap();
```

Wow! E' stato un lungo viaggio fino a qui. Ancora un pò di pazienza e potremo vedere realizzato il nostro roguelike testuale!

Creazione di una grafica semplice ma efficace

La creazione di una grafica semplice ma efficace per il nostro gioco roguelike sarà un aspetto cruciale per fornire una rappresentazione visiva della mappa generata proceduralmente. Utilizzeremo il framework rot.js per implementare questa grafica e visualizzare la nostra mappa sullo schermo.

Il framework rot.js ci offre una serie di strumenti e funzioni per la gestione della grafica di gioco, inclusi i metodi per la visualizzazione di elementi su una griglia. Considerando che abbiamo scelto di rappresentare la mappa di gioco utilizzando una matrice bidimensionale, possiamo sfruttare queste funzionalità per mostrare la mappa generata a schermo.

Per iniziare, dovremo creare un'area di visualizzazione sul nostro documento HTML, dove verrà mostrata la mappa di gioco. Possiamo utilizzare un elemento HTML come <div> o <canvas> per questo scopo. Successivamente, nel nostro file JavaScript, utilizzeremo il framework rot.js per collegare questa area di visualizzazione al codice di gioco.

Una volta configurata l'area di visualizzazione, utilizzeremo un ciclo for per attraversare la matrice bidimensionale della mappa e, per ogni cella, determineremo quale elemento visuale corrisponde al suo contenuto.

Utilizzando le funzioni fornite dal framework rot.js, possiamo disegnare gli elementi sulla griglia, impostando i colori, le posizioni e le dimensioni corrispondenti alle celle della mappa. Questo ci permetterà di visualizzare la mappa generata con una rappresentazione visiva chiara ed efficace.

A titolo di esempio, ecco un breve frammento di codice che mostra come possiamo utilizzare il framework rot.js per creare una visualizzazione grafica della nostra mappa procedurale generata con la matrice bidimensionale:

```
// Funzione per visualizzare la mappa sulla griglia
function drawMap() {
```

```
   for (let y = 0; y < map.length; y++) {
     for (let x = 0; x < map[y].length; x++) {
       const cell = map[y][x];

       display.draw(x, y, cell, color);
     }
   }
 }
```

Implementazione di un effetto "fog of war"

L'effetto "fog of war" è una caratteristica comune nei giochi roguelike che aggiunge un elemento di mistero e suspense all'esplorazione della mappa di gioco. Questo effetto implica che il giocatore abbia una visibilità limitata della mappa e che le aree non ancora esplorate siano nascoste da un "velo di nebbia".

Per implementare l'effetto "fog of war", si possono adottare diverse strategie. Una soluzione possibile è l'utilizzo di una matrice bidimensionale o una struttura dati simile per tenere traccia dello stato di visibilità di ogni cella della mappa. Inizialmente, tutte le celle sono impostate come non visibili.

Man mano che il giocatore esplora la mappa, si aggiorna lo stato di visibilità delle celle adiacenti alla posizione corrente del personaggio. Questo può essere fatto tramite calcoli di distanza o tramite algoritmi come l'algoritmo di Bresenham per il tracciamento dei raggi. Le celle visibili vengono quindi rese visibili al giocatore, mentre le celle non ancora esplorate rimangono coperte dal "velo di nebbia".

Inoltre, è possibile implementare meccanismi per mantenere l'effetto "fog of war" anche durante il movimento del personaggio. Ad esempio, quando il giocatore si allontana da una cella precedentemente esplorata, questa viene nuovamente coperta dal "velo di nebbia", creando una sensazione di incertezza e di possibile ritorno di nemici o cambiamenti nella mappa.

L'effetto "fog of war" può essere combinato con altri elementi di gioco, come l'utilizzo di torce o lanterne per aumentare la visibilità in determinate aree o la possibilità di rivelare temporaneamente parti della mappa utilizzando oggetti o abilità specifiche.

L'implementazione di un efficace effetto "fog of war" contribuisce a creare un'atmosfera avvincente e sfidante nel gioco roguelike, mettendo alla prova le capacità di esplorazione e strategia del giocatore.

Innanzitutto definiamo le variabili di base:

```
// ***FOG OF WAR *** Definiamo le impostazioni per l'illuminazione
var fovRadius = 5; // Raggio del campo visivo del giocatore
// Raggio del campo visivo medio del giocatore,
// tra quello che vede e quello che non vede
var fovMediumRadius = 3;
var lightColor = "yellow"; // Colore degli oggetti nel campo visivo
var mediumColor = "darkgrey"; // Colore degli oggetti nel campo visivo medio
```

Poi creiamo la funzione per disegnare la mappa di gioco per l'applicazione di questo effetto:

```
function drawMapWithLighting()
{
  for (var x = 0; x < width; x++)
  {
   for (var y = 0; y < height; y++)
   {
    var tile = map[x][y];
    var distance = player.distance(x, y);

    if (distance <= fovRadius)
    {
     display.draw(x, y, tile, lightColor);
    }
    else if (distance > fovRadius
        && distance <= fovRadius + fovMediumRadius)
    {

     display.draw(x, y, tile, mediumColor);
    }
    else
```

```
         {
             display.draw(x, y, '.', lightColor);
         }
       }
     }
   }
```

La funzione "drawMapWithLighting" utilizza un doppio ciclo for per iterare su tutte le coordinate (x, y) della mappa. Per ogni coordinata, viene ottenuto il carattere corrispondente al tile della mappa.

Successivamente, viene calcolata la distanza tra la coordinata corrente e la posizione del giocatore utilizzando il metodo "distance" dell'oggetto "player". Questo calcolo viene effettuato per determinare se il tile è all'interno del campo visivo del giocatore.

Nella logica condizionale, vengono valutate tre condizioni:

1. Se la distanza è inferiore o uguale al raggio del campo visivo (fovRadius), allora il tile viene disegnato con il colore "lightColor" utilizzando il metodo "draw" dell'oggetto "display". Questo indica che il tile è visibile al giocatore.

2. Se la distanza è maggiore del raggio del campo visivo e inferiore o uguale alla somma del raggio del campo visivo e il raggio del campo visivo medio (fovRadius + fovMediumRadius), allora il tile viene disegnato con il colore "mediumColor". Questo indica che il tile è appena fuori dal campo visivo del giocatore.

3. Se la distanza è maggiore della somma del raggio del campo visivo e il raggio del campo visivo medio, il tile viene disegnato con il carattere "." (punto) e il colore "lightColor". Questa condizione rappresenta le aree della mappa completamente oscure, che non sono visibili al giocatore.

In sostanza, la funzione "drawMapWithLighting" disegna la mappa applicando un effetto di oscuramento graduale dei tile al di fuori del campo visivo del giocatore, consentendo al giocatore di vedere solo ciò che si trova nel suo raggio di visione e creando così l'effetto "fog of war".

Creazione di una semplice UI per il gioco

La creazione di una semplice UI (User Interface) per il gioco è un aspetto essenziale per offrire al giocatore un'esperienza di gioco fluida e coinvolgente. Nel nostro caso, l'interfaccia sarà un semplice HUD (Heads-Up Display) che mostrerà un riepilogo degli elementi e delle risorse di base raccolte dal giocatore.

L'HUD fornirà al giocatore una panoramica immediata delle informazioni importanti durante il gioco, consentendo di tenere traccia delle proprie risorse e oggetti raccolti. Questo potrebbe includere elementi come il numero di punti vita rimasti, il livello del giocatore, l'ammontare di risorse come cibo o munizioni disponibili, o qualsiasi altra risorsa rilevante per la progressione del gioco.

La disposizione dell'HUD sarà progettata in modo chiaro e intuitivo, con icone o simboli rappresentativi per ciascun elemento e valori numerici o indicatori visivi per mostrare le quantità disponibili. L'HUD sarà posizionato in una posizione prominente dello schermo, facilmente visibile al giocatore senza ostacolare la visibilità del gioco stesso.

L'obiettivo principale della creazione di questa UI semplice è quello di fornire al giocatore un'informazione immediata e facilmente accessibile sullo stato delle risorse e degli oggetti raccolti. Ciò permette al giocatore di prendere decisioni rapide e informate durante il gioco, aumentando così l'immersione e l'interazione con il mondo di gioco.

Nel complesso, la creazione di una UI semplice, come l'HUD descritto, contribuisce a migliorare l'esperienza di gioco, fornendo un'interfaccia intuitiva e funzionale per tenere traccia delle risorse e degli elementi di base raccolti dal giocatore.

Prima di procedere con la creazione dell'HUD, tuttavia, è necessario definire alcune altre variabili chiave per la logica del gioco.

```
var title = "ROGUELIKE";
var comandi = "SPAZIO - azione / SHIFT - sprint";
var subtitle = "premi un tasto";
display.drawText(
```

```
        Math.floor(display.getOptions().width / 2) -
        Math.floor(title.length / 2), 5, title);
display.drawText(
        Math.floor(display.getOptions().width / 2) -
        Math.floor(comandi.length / 2), 7, comandi);
display.drawText(
        Math.floor(display.getOptions().width / 2) -
        Math.floor(subtitle.length / 2), 10, subtitle);
```

- "title": rappresenta il titolo del gioco, nel caso specifico "ROGUELIKE".
- "comandi": indica i comandi del gioco, con "SPAZIO - azione / SHIFT - sprint" come esempio.
- "subtitle": rappresenta una frase di sottotitolo o un messaggio, come ad esempio "premi un tasto".

Queste variabili vengono utilizzate per disegnare l'interfaccia del menu iniziale, posizionando il titolo, i comandi e il sottotitolo nel display del gioco.

```
var state = 0 // 0 - menu / 1 - gameplay / 2 - gameover
```

Successivamente, abbiamo la variabile "state" che rappresenta lo stato del gioco. Questa variabile ci consentirà di controllare il flusso del gioco e determinare quale interfaccia mostrare all'utente in base al suo valore. In particolare, utilizzeremo tre valori per "state":

0: indica lo stato del menu, in cui il giocatore può visualizzare le opzioni del gioco come inizio, opzioni o uscita.

1: indica lo stato del gameplay attivo, in cui il giocatore sta effettivamente giocando e interagendo con il mondo di gioco.

2: indica lo stato di game over, in cui il giocatore ha perso e può visualizzare il punteggio finale o altre informazioni relative alla partita.

```
var day = 1;
const GIORNIMINNEWDAY = 10;
var counterGiorniTemp = 0;
```

La variabile "day" tiene traccia dei giorni trascorsi nel gioco, inizializzata a 1. La costante "GIORNIMINNEWDAY" rappresenta il numero di giorni necessari per il passaggio a un nuovo giorno nel gioco. La variabile "counterGiorniTemp" tiene traccia del conteggio dei giorni trascorsi temporaneamente.

Queste variabili contribuiscono alla logica del gameplay, consentendo di gestire il tempo di gioco, il passaggio dei giorni e il cambio di stato in base alle condizioni specificate nel gioco.

Prima di procedere con la creazione dell'HUD, è importante definire queste variabili e stabilire la loro logica di utilizzo all'interno del gioco. Una volta definiti, possiamo procedere con l'implementazione dell'interfaccia utente che mostrerà un riepilogo degli elementi e delle risorse di base raccolte dal giocatore.

Per concludere questo capitolo, creiamo la funzione per disegnare l'HUD.

```
function drawHUD()
{
  displayHUD.clear();

  // Disegna il testo dell'HUD
  displayHUD.draw(0,0,carPlayer)
  displayHUD.drawText(1, 0, ": " + player.vita, "#fff", "#000");
  displayHUD.draw(0,1,carGermogli)
  displayHUD.drawText(1, 1, ': ' + player.germogli, "#fff", "#000");
  displayHUD.draw(0,2,carAcqua)
  displayHUD.drawText(1, 2, ': ' + player.acqua, "#fff", "#000");
  displayHUD.draw(0,3,carFunghi)
  displayHUD.drawText(1, 3, ': ' + player.funghi, "#fff", "#000");
  display HUD.draw(0,4,carLegno)
  displayHUD.drawText(1, 4, ': ' + player.legno, "#fff", "#000");
  displayHUD.draw(0,5,carPietre)
  displayHUD.drawText(1, 5, ': ' + player.pietre, "#fff", "#000");

  displayHUD.draw(0,7,carAscia)
  displayHUD.drawText(1, 7, ': ' + player.ascia, "#fff", "#000");
```

```
displayHUD.draw(0,8,carPiccone)
displayHUD.drawText(1, 8, ': ' + player.piccone, "#fff", "#000");
displayHUD.draw(0,9,carArco)
displayHUD.drawText(1, 9, ': ' + player.arco, "#fff", "#000");
displayHUD.draw(0,10,carCanna)
displayHUD.drawText(1, 10, ': ' + player.canna, "#fff", "#000");

displayHUD.drawText(0, 14, 'GIORNO: ' + day, "#fff", "#000");
displayHUD.draw(0,16,carScarpa)
displayHUD.drawText(1, 16, ': ' + player.passiTot, "#fff", "#000");
displayHUD.draw(0,17,carGermogli)
displayHUD.drawText(1, 17, ': ' + campobase.germogli, "#fff", "#000");
displayHUD.draw(0,18,carAcqua)
displayHUD.drawText(1, 18, ': ' + campobase.acqua, "#fff", "#000");
displayHUD.draw(0,19,carFunghi)
displayHUD.drawText(1, 19, ': ' + campobase.funghi, "#fff", "#000");
displayHUD.draw(0,20,carLegno)
displayHUD.drawText(1, 20, ': ' + campobase.legno, "#fff", "#000");
displayHUD.draw(0,21,carPietre)
displayHUD.drawText(1, 21, ': ' + campobase.pietre, "#fff", "#000");
}
```

"Scegli saggiamente le tue mosse, perché ogni azione ha conseguenze." - Angband

Capitolo 4: Implementazione Delle Logica Del Gioco

Una volta creata la mappa di gioco e la sua grafica, possiamo procedere con l'implementazione della logica di gioco. In questo capitolo, affronteremo diversi aspetti fondamentali per rendere il nostro gioco roguelike funzionante e coinvolgente.

Implementazione del sistema di movimento, esplorazione e collisione

Un aspetto cruciale del gioco è l'implementazione di un sistema di movimento, esplorazione e collisione. Per gestire tali meccaniche, registriamo due eventi correlati all'input da tastiera.

I due eventi che gestiremo sono keydown (premendo un tasto) e keyup (rilasciando un tasto). Questi eventi ci permettono di rilevare quando un tasto viene premuto o rilasciato sulla tastiera.

Per registrare questi eventi, utilizziamo il codice seguente :

```
// Gestione degli input da tastiera
document.addEventListener('keydown', handleKeyDown);
document.addEventListener('keyup', handleKeyUp);
```

La funzione `addEventListener` è un metodo disponibile nell'oggetto `document` nel linguaggio JavaScript. Questo metodo consente di ascoltare e rispondere agli eventi che si verificano nel contesto del documento HTML.

La sintassi generale per utilizzare `addEventListener` è la seguente:

```
document.addEventListener(event, callbackFunction);
```

Dove:

- `event` è una stringa che rappresenta il nome dell'evento a cui si desidera ascoltare. Ad esempio, eventi comuni sono "click", "keydown", "keyup", "mousemove", ecc.
- `callbackFunction` è la funzione che viene eseguita quando l'evento specificato si verifica. Questa funzione può essere definita come una funzione anonima o come una funzione precedentemente dichiarata.

Quando si registra un evento utilizzando `addEventListener`, la funzione specificata come `callbackFunction` viene chiamata ogni volta che l'evento specificato si verifica nel contesto del documento. Ad esempio, se si registra l'evento "click", la `callbackFunction` verrà chiamata ogni volta che viene effettuato un clic sulla pagina.

All'interno della `callbackFunction`, è possibile accedere all'oggetto evento che contiene informazioni dettagliate sull'evento stesso. Ad esempio, l'oggetto evento può contenere le coordinate del clic, la tastiera premuta o altre informazioni rilevanti.

L'utilizzo di `addEventListener` consente di gestire in modo efficiente gli eventi nel codice JavaScript, separando la logica dell'evento dalla struttura HTML del documento. In questo modo, è possibile mantenere un codice più modulare, leggibile e facilmente manutenibile.

Prima di implementare le funzioni che ci aiuteranno a gestire l'interazione dell'utente con la tastiera, dobbiamo definire tre variabili di stato.

```
var playerDied = new Boolean(false)
var isPlayerInBase = new Boolean(false)
var isPlayerFighting = new Boolean(false)
```

Nel codice fornito, vengono create tre variabili utilizzando il costruttore `Boolean`. Queste variabili sono `playerDied`, `isPlayerInBase` e `isPlayerFighting`.

Il costruttore `Boolean` viene utilizzato per creare un oggetto booleano, che può avere solo due valori: `true` o `false`. Nel caso del codice fornito, inizializziamo tutte e tre le variabili booleane a `false` utilizzando il costruttore `Boolean`.

Queste variabili booleane sono comunemente utilizzate per rappresentare uno stato o una condizione all'interno di un programma. Possono essere utilizzate per tenere traccia di informazioni che possono cambiare nel tempo.

Ad esempio, la variabile `playerDied` potrebbe essere impostata su `true` quando il giocatore muore nel gioco, mentre `isPlayerInBase` potrebbe essere impostata su `true` quando il giocatore si trova nel campobase. La variabile `isPlayerFighting` potrebbe essere utilizzata per indicare se il giocatore è coinvolto in una battaglia o meno.

Queste variabili booleane saranno utilizzate per controllare il flusso del programma, ad esempio per eseguire azioni o attivare determinate logiche in base al loro valore.

L'aggiunta di queste variabili booleane nel codice fornisce un modo per gestire e monitorare lo stato del giocatore e del gioco, consentendo di adattare il comportamento del programma di conseguenza.

Per cominciare, la variabile player.isUsingTool viene impostata su false all'inizio, indicando che il giocatore non sta utilizzando nessun attrezzo. La variabile isPlayerInBase viene anch'essa impostata su false, indicando che il giocatore non si trova nel campo base.

```
player.isUsingTool = false
isPlayerInBase = false
```

Nel testo che segue implementiamo la funzione handleKeyDown e forniamo una spiegazione dettagliata dei suoi punti salienti:

```
function handleKeyDown(event)
{
    if (playerDied === true)
    {
        // Se il giocatore è morto, mostra "GAME OVER"
        // e permetti di ricominciare
        drawGameOver();
    }
    if (state === 0)
    {
        switch(event.code)
        {
            default:
```

```
        draw()
        state = 1
        break;
  }
}
else if (state === 1)
{
  switch(event.code)
  {
    case "ArrowUp":
      movePlayer(0, -1);
      draw()
      break;
    case "ArrowDown":
      movePlayer(0, 1);
      draw()
      break;
    case "ArrowLeft":
      movePlayer(-1, 0);
      draw()
      break;
    case "ArrowRight":
      movePlayer(1, 0);
      draw()
      break;
    case "Space":
      // Imposta player.isUsingTool a true
      // quando il tasto SPACE viene premuto
      player.isUsingTool = true;

      isPlayerFighting = true

      break;
    case "ShiftLeft":
      player.isSprinting = true;
      break;
    default:
```

```
                // non fare nulla per gli altri tasti
                break;
        }
    }
    else if (state === 2)
    {
        switch(event.code)
        {
            case "Space":
                // Resetta il flag di morte del giocatore
                // al prossimo inizio di partita
                playerDied = false;
                state = 1

                player.x = Math.floor(Math.random() * width)
                player.y = Math.floor(Math.random() * height)
                resetcampobase()
                createMap()

                draw()
                break;

            default:
                break;
        }
    }
}
```

La funzione handleKeyDown viene chiamata ogni volta che viene premuto un tasto. All'interno di questa funzione, viene effettuato un controllo dello stato del gioco utilizzando la variabile state. Se lo stato è 0, viene eseguita una serie di istruzioni nel caso in cui sia premuto un tasto diverso dai casi specificati (nel codice corrente, viene semplicemente chiamata la funzione draw e lo stato viene impostato a 1).

Se lo stato è 1, vengono gestiti i tasti premuti in base al loro codice. Ad esempio, se viene premuto il tasto "ArrowUp", la funzione movePlayer viene chiamata con i parametri corrispondenti per spostare il giocatore verso l'alto. Successivamente, viene chiamata la funzione draw per aggiornare la visualizzazione del gioco.

In particolare, se viene premuto il tasto "Spazio", viene impostata la variabile player.isUsingTool su true, indicando che il giocatore sta utilizzando un attrezzo. Viene anche impostata la variabile isPlayerFighting su true, indicando che il giocatore sta combattendo.

All'interno della funzione handleKeyDown abbiamo riportato delle chiamate a funzione di cui ancora non abbiamo parlato: è questo il momento di farlo.

Come si legge nella prima riga di codice all'interno di questa funzione viene testato se la variabile playerDied è impostata su true. Se questa condizione è verificata, allora significa che il giocatore è morto nel gioco.

Viene perciò chiamata la funzione drawGameOver(). Questa funzione ha il compito di mostrare il messaggio "GAME OVER" sullo schermo di gioco e fornire all'utente la possibilità di ricominciare la partita.

```
function drawGameOver()
{
    displayHUD.clear(); // Pulisci lo schermo HUD
    display.clear(); // Pulisci lo schermo della mappa

    var gameover = "*** GAME OVER ***";
    var comandi = "premi SPACE";
    display.drawText(
            Math.floor(display.getOptions().width / 2) -
            Math.floor(gameover.length / 2), 5, gameover);
    display.drawText(
            Math.floor(display.getOptions().width / 2) -
            Math.floor(comandi.length / 2), 7, comandi);
}
```

All'interno della funzione, vengono eseguite le seguenti operazioni:

1. `displayHUD.clear()`: Questa istruzione pulisce l'HUD, ovvero l'area dell'interfaccia utente in cui vengono visualizzate informazioni come il riepilogo degli elementi e delle risorse del giocatore. Questo serve a rimuovere eventuali informazioni precedenti e creare uno spazio pulito per il messaggio di "GAME OVER".

2. `display.clear()`: Questa istruzione pulisce lo schermo principale del gioco. Anche in questo caso, viene eliminato tutto ciò che era precedentemente visualizzato, creando uno schermo vuoto in cui mostrare il messaggio di "GAME OVER".

3. Viene definita la variabile `gameover` che contiene il testo "*** GAME OVER ***". Questo sarà il titolo del messaggio di "GAME OVER".

4. Viene definita la variabile `comandi` che contiene il testo "premi SPACE". Questo testo fornisce le istruzioni al giocatore su quale tasto premere per ricominciare la partita.

5. Vengono utilizzate le funzioni `drawText` di `display` per posizionare il testo del messaggio di "GAME OVER" e delle istruzioni al centro dell'area di gioco. Le coordinate di posizionamento sono calcolate in modo da centrare il testo orizzontalmente.

Alla chiamata di questa funzione, il messaggio di "GAME OVER" e le istruzioni vengono visualizzati sullo schermo del gioco, fornendo al giocatore la possibilità di ricominciare la partita premendo il tasto "SPACE".

All'interno della funzione handleKeyDown c'è anche un'altra funzione da approfondire: movePlayer().

```
// Funzione di movimento del protagonista
function movePlayer (dx, dy)
{
    // Controlla se il giocatore sta sprintando
    var currentSpeed = player.isSprinting ? player.sprintSpeed : player.speed

    var newX = player.x + dx * currentSpeed
    var newY = player.y + dy * currentSpeed
```

```
// Controllo se il movimento è possibile
if (newX >= 0 && newX < width && newY >= 0 && newY < height)
{
    // se non ho punti movimento ESCO
    if (player.vita <= 0)
    {
        player.vita = 0;

        // dopo i passi uso cibo
        if (player.germogli > 0)
        {
            player.vita = player.vita + 1
            player.germogli = player.germogli - 1
        }
        else if (player.germogli <= 0)
        {
            player.germogli = 0;

            if (player.acqua > 0)
            {
                player.vita = player.vita + 1
                player.acqua = player.acqua - 1
            }
            else
            {
                player.acqua = 0

                if (player.funghi > 0)
                {
                    player.vita = player.vita + 1
                    player.funghi = player.funghi - 1
                }
                else
                {
                    player.funghi = 0
```

```
                playerDied = true
                state = 2

                player.vita = 100
                player.passiTot = 0
                player.isSprinting = false
                player.isUsingTool = false
                player.germogli = 0
                player.funghi = 0
                player.acqua = 0
                player.legno = 0
                player.pietre = 0
                player.ascia = 30
                player.piccone = 30
                player.arco = 10
                player.canna = 10

                resetcampobase()

            }

        }
    }
}

var tile = map[newX][newY]
if (tile === emptyChar)
{
    player.x = newX
    player.y = newY

    player.vita = player.vita - 1;

    //aggiorno i passi totali percorsi dal player
    player.passiTot = player.passiTot + 1
}
else if (tile === carCampoBase)
```

```
{
   player.x = newX
   player.y = newY

   isPlayerInBase = true

   campobase.germogli = player.germogli
   campobase.funghi = player.funghi
   campobase.acqua = player.acqua
   campobase.legno = player.legno
   campobase.pietre = player.pietre

   player.vita = 100;
   player.passiTot = player.passiTot + 1
   player.germogli = 0
   player.funghi = 0
   player.acqua = 0
   player.legno = 0
   player.pietre = 0

   // ************************************
   // *** PASSA UN GIORNO
   // ************************************
   counterGiorniTemp = counterGiorniTemp + 1;
   if (counterGiorniTemp >= GIORNIMINNEWDAY)
   {
      day = day + 1;
      counterGiorniTemp = 0;
   }

}
else if (tile === carGermogli)
{
   map[newX][newY] = emptyChar
   player.x = newX
   player.y = newY
```

```
      player.vita = player.vita - 1;
      player.passiTot = player.passiTot + 1
      player.germogli = player.germogli + 1
}
else if (tile === carFunghi)
{
      map[newX][newY] = emptyChar
      player.x = newX
      player.y = newY

      player.vita = player.vita - 1;
      player.passiTot = player.passiTot + 1
      player.funghi = player.funghi + 1
}
else if (tile === carAcqua)
{
      map[newX][newY] = emptyChar
      player.x = newX
      player.y = newY

      player.vita = player.vita - 1;
      player.passiTot = player.passiTot + 1
      player.acqua = player.acqua + 1
}
else if (player.isUsingTool && (tile === '🌰' || tile === '🌰'))
{

      if (player.ascia <= 0)
      {
         player.ascia = 0
         return;
      }

      map[newX][newY] = emptyChar
      player.x = newX
      player.y = newY
```

```
            player.vita = player.vita - 2
            player.passiTot = player.passiTot + 1 r
            player.legno = player.legno + 2
            player.ascia = player.ascia - 1
        }
        else if (player.isUsingTool && tile === String.fromCharCode(9968))
        {

            if (player.piccone <= 0)
            {
                player.piccone = 0
                return;
            }

            map[newX][newY] = emptyChar
            player.x = newX
            player.y = newY

            player.vita = player.vita - 2
            player.passiTot = player.passiTot + 1
            player.pietre = player.pietre + 2
            player.piccone = player.piccone - 1
        }

    }
}
```

La funzione `movePlayer` gestisce il movimento del protagonista nel gioco. Ecco una spiegazione dei punti salienti:

- La funzione `movePlayer` accetta due argomenti `dx` e `dy`, che rappresentano lo spostamento desiderato lungo gli assi x e y.

- Viene verificato se il giocatore sta sprintando. Se `player.isSprinting` è vero, viene assegnata alla variabile `currentSpeed` la velocità di sprint del giocatore (`player.sprintSpeed`), altrimenti viene assegnata la velocità normale del giocatore (`player.speed`).

- Le variabili `newX` e `newY` vengono calcolate aggiungendo lo spostamento (`dx` e `dy`) moltiplicato per la `currentSpeed` alla posizione attuale del giocatore (`player.x` e `player.y`).

- Viene effettuato un controllo per assicurarsi che il movimento sia possibile all'interno dei limiti della mappa (definiti dalle variabili `width` e `height`).

- Se il giocatore ha esaurito i punti vita (`player.vita`), viene eseguito un blocco di codice che gestisce la morte del giocatore e reimposta alcune variabili di stato.

- Viene controllato il tipo di terreno nella posizione di destinazione (`newX`, `newY`) sulla mappa.

- Se il terreno è vuoto (`emptyChar`), il giocatore viene spostato sulla nuova posizione, la sua vita viene decrementata di 1 e viene aggiornato il conteggio dei passi totali (`player.passiTot`).

- Se il terreno è il campobase (`carCampoBase`), il giocatore viene spostato sulla nuova posizione, viene impostata la variabile `isPlayerInBase` a `true`, vengono trasferiti gli oggetti posseduti dal giocatore al campobase e vengono reimpostate le variabili di stato. Viene anche effettuato il conteggio dei giorni e il passaggio al giorno successivo.

- Se il terreno è un germoglio (`carGermogli`), il giocatore viene spostato sulla nuova posizione, la sua vita viene decrementata di 1, viene incrementato il numero di germogli posseduti dal giocatore e viene aggiornato il conteggio dei passi totali.

- Se il terreno è un fungo (`carFunghi`), viene eseguita un'operazione simile al caso dei germogli, ma viene incrementato il numero di funghi posseduti dal giocatore.

- Se il terreno è un punto di raccolta acqua (`carAcqua`), viene eseguita un'operazione simile al caso dei germogli, ma viene incrementato il numero di bottiglie d'acqua possedute dal giocatore.

- Se il giocatore sta usando uno strumento (variabile `player.isUsingTool` è `true`) e il terreno è un albero, viene eseguito il codice corrispondente. Se il giocatore ha un'ascia (`player.ascia` maggiore di 0), viene rimossa l'entità albero o sasso dalla mappa, il giocatore viene spostato sulla nuova posizione, la sua vita viene decrementata di 2, viene incrementato il numero di legni o pietre posseduti dal giocatore, e viene decrementato il numero di utilizzi rimanenti dell'ascia (player.ascia). Lo stesso concetto si applica al caso del piccone (player.piccone).

La funzione termina dopo aver eseguito le operazioni necessarie per il movimento del giocatore e la gestione degli oggetti e delle risorse.

Implementiamo ora la funzione handleKeyUp e forniamo una spiegazione dettagliata dei suoi punti salienti:

```
function handleKeyUp(event)
{
  switch(event.code)
  {
    case "Space":
      // Imposta player.isUsingTool a false
      // quando il tasto SPACE viene rilasciato
      player.isUsingTool = false;
      isPlayerFighting = true
      break;
    case "ShiftLeft":
      player.isSprinting = false;
      break;
    default:
      break;
  }
}
```

La funzione handleKeyUp viene chiamata ogni volta che viene rilasciato un tasto. All'interno di questa funzione, viene eseguito uno switch sul codice del tasto rilasciato. Se viene rilasciato il tasto "Space", viene impostata la variabile player.isUsingTool su false, indicando che il giocatore ha smesso di utilizzare un attrezzo. La variabile isPlayerFighting viene impostata su true, probabilmente per mantenere lo stato del combattimento.

Il codice riportato in questo ultimo paragrafo, gestisce gli eventi di pressione e rilascio dei tasti per controllare il movimento del giocatore, l'utilizzo di attrezzi e altre azioni specifiche del gioco. Le variabili booleane vengono utilizzate per tenere traccia dello stato dei tasti e per influenzare il comportamento del gioco in base alle azioni del giocatore.

Eccoci arrivati all'ultimo passo prima di poter finalmente visualizzare il gioco all'interno del nostro browser preferito! È ora il momento di creare la nostra funzione "draw()" che sarà il cuore pulsante della rappresentazione grafica del gioco.

Con questa funzione "draw()", avremo tutto il necessario per rendere il nostro gioco vivo e coinvolgente. Ogni singolo frame di gioco sarà reso visibile grazie a questa funzione che coniuga e chiama tutte le funzioni che abbiamo definito fino ad ora.

Prima di tutto, effettuiamo una pulizia del display con il comando "display.clear()", eliminando eventuali residui di frame precedenti per dare inizio a un nuovo quadro pulito.

Successivamente, ci immergiamo nel mondo del gioco disegnando la mappa con un accattivante effetto "fog of war". Questo processo coinvolge la chiamata alla funzione "drawMapWithLighting()" che renderà la nostra mappa avvolta in un'atmosfera misteriosa e suggestiva.

Ovviamente, non possiamo dimenticare il protagonista del nostro gioco. Quindi, nella nostra funzione "draw()", facciamo appello alla funzione "drawPlayer()" per renderlo visibile sulla scena.

Inoltre, per completare il quadro, disegniamo anche il campobase del giocatore grazie alla chiamata alla funzione "drawCampobase()".

Infine, per fornire informazioni essenziali e utili al giocatore, utilizziamo la funzione "drawHUD()" per disegnare l'interfaccia utente del gioco.

Siamo ormai pronti per vedere il nostro gioco prendere vita attraverso la nostra funzione "draw()", che ci permetterà di ammirare ogni dettaglio e animare il nostro mondo virtuale in modo coinvolgente e appassionante.

```
function draw()
{
    display.clear();

    // Disegnare la mappa con effetto di illuminazione
    drawMapWithLighting();

    drawPlayer();
    drawCampobase();

    drawHUD();
}
```

Prima esecuzione del gioco

Finalmente ci siamo! Per avviare il gioco roguelike che abbiamo programmato fino a questo momento, seguire questi semplici passi:

1. Avvia il tuo browser preferito sul tuo computer. Puoi utilizzare browser comuni come Google Chrome, Mozilla Firefox, Safari o Microsoft Edge.

2. Nella barra degli indirizzi del browser, digita "file://" seguito dal percorso completo della cartella in cui hai salvato il tuo progetto roguelike. Ad esempio, se il tuo progetto si trova nella cartella "MioProgettoRoguelike", digita "file:///percorso/MioProgettoRoguelike/".

3. All'interno della cartella del progetto, individua il file "roguelike.html" che hai creato. Fare doppio clic sul file per aprirlo nel browser.

4. Una volta aperta la pagina "roguelike.html", il browser caricherà il file HTML e tutti i relativi script JavaScript. Potrebbe essere necessario attendere alcuni istanti mentre il browser esegue queste operazioni.

5. Una volta caricato, il gioco roguelike verrà visualizzato nel browser. Puoi interagire con il gioco utilizzando i comandi definiti, ad esempio, tramite tastiera o mouse. Esplora l'ambiente di gioco, muoviti attraverso i livelli e interagisci con gli oggetti.

Durante questa prima esecuzione del gioco, potresti incontrare errori o problemi nel funzionamento delle funzionalità. Per aiutarti a individuare e risolvere tali problemi, puoi utilizzare il menu sviluppatore del browser che offre strumenti di debug.

Per accedere al menu sviluppatore, fai clic destro sulla pagina del gioco e seleziona l'opzione "Ispeziona" o "Ispeziona elemento" dal menu contestuale. Si aprirà una finestra o un pannello con varie schede, come "Elementi", "Console", "Rete" e altre, che ti consentiranno di esaminare il codice, monitorare gli errori e testare diverse funzionalità.

La scheda "Console" è particolarmente utile per il debug. Qui puoi visualizzare eventuali messaggi di errore o avvisi generati dal gioco e scrivere comandi JavaScript per eseguire test e controlli specifici.

Utilizzando gli strumenti di debug disponibili nel menu sviluppatore del browser, puoi analizzare il comportamento del gioco, controllare i valori delle variabili e risolvere eventuali problemi di codice.

Progettazione e implementazione di antagonisti e creature avversarie

In questo capitolo dedicato ci concentriamo sull'aspetto fondamentale dei giochi roguelike: la creazione di avversari che forniscono una sfida appagante al giocatore.

La progettazione dei nemici nel genere roguelike richiede una pianificazione oculata e una comprensione approfondita delle meccaniche di gioco. Durante questa fase, esploreremo una varietà di concetti e idee per creare nemici unici e coinvolgenti.

Inizieremo definendo le caratteristiche distintive di ciascun nemico. Considereremo il loro aspetto, le abilità, le statistiche e i comportamenti che renderanno l'interazione con essi unica e interessante. La varietà di nemici sarà importante per mantenere il gioco fresco e stimolante, offrendo al giocatore sfide sempre nuove da affrontare.

Oltre alle caratteristiche, considereremo anche il ruolo che i nemici svolgeranno nel contesto del gioco. Alcuni potrebbero essere combattenti corpo a corpo, mentre altri potrebbero preferire attacchi a distanza o strategie furtive. Ci concentreremo sul bilanciamento delle abilità e delle statistiche dei nemici per garantire una sfida equilibrata e interessante per il giocatore.

Una volta definita la progettazione, passeremo all'implementazione pratica dei nemici. Utilizzeremo le nostre competenze di programmazione, supportate dal framework o dalla libreria scelta, per creare le classi o gli oggetti che rappresenteranno gli antagonisti nel gioco. Durante l'implementazione, ci concentreremo sulla creazione di comportamenti realistici e intelligenti per i nemici, in modo che siano in grado di prendere decisioni strategiche durante gli scontri.

Infine, testeremo e bilanceremo i nemici nel contesto del gioco. Monitoreremo attentamente la loro difficoltà e il loro impatto sull'esperienza complessiva del giocatore. L'obiettivo sarà creare una curva di difficoltà scalabile, in modo che il giocatore si senta sfidato ma non frustrato.

La progettazione dei nemici nel genere roguelike è un processo creativo e impegnativo, ma essenziale per fornire un'esperienza di gioco coinvolgente. Attraverso la varietà e la sfida offerta dagli antagonisti e dalle creature avversarie, creeremo un'esperienza avvincente e memorabile per i giocatori dei nostri giochi roguelike.

Gli animali antagonisti che il giocatore troverà nella mappa presentano alcune caratteristiche distintive. Nel codice fornito, vengono generati in modo casuale un certo numero di animali aggressivi, rappresentati con emoji come □, □, □, □, □, che vengono selezionati casualmente da un elenco di animali del bosco.

Ogni animale viene rappresentato come un oggetto con diverse proprietà. Queste proprietà includono la posizione dell'animale sulla mappa, il carattere utilizzato per visualizzare l'animale, la sua vita, la sua velocità, il range di vista, l'aggressività e alcune informazioni aggiuntive come se sta inseguendo il giocatore o se il giocatore è nelle sue vicinanze.

Attraverso la funzione `isPlayerNearby()`, viene verificato se il giocatore si trova nelle vicinanze dell'animale e se l'animale è abbastanza aggressivo da attaccare. In caso positivo, l'animale utilizzerà l'algoritmo A* per muoversi verso il giocatore attraverso la funzione `moveTowardsPlayer()`. Se l'animale raggiunge il giocatore, verrà eseguita la funzione `attackPlayer()`, che sottrarrà una certa quantità di punti vita al giocatore.

In questo modo, gli animali antagonisti contribuiscono a creare una sfida per il giocatore, in quanto possono inseguirlo e attaccarlo durante l'esplorazione della foresta.

Vediamo subito come scrivere il codice per definire questa nuova meccanica.

Il primo passo è definire il numero di animali aggressivi che si troveranno in mappa. Oltre a questa variabile occorre definire quali animali verranno generati.

```
const numAnimaliAggressivi = Math.floor((Math.random() * 20));
const boscoEnemy = "□,□,□,□,□";
```

Il codice fornito definisce due variabili: `numAnimaliAggressivi` e `boscoEnemy`.

La variabile `numAnimaliAggressivi` viene inizializzata con un numero casuale compreso tra 0 e 19 (20 escluso). Questo numero rappresenta il numero di animali aggressivi che saranno generati nella mappa del gioco.

La variabile `boscoEnemy` contiene una stringa di emoji che rappresentano gli animali aggressivi che possono essere trovati nel bosco. Gli animali sono separati da virgole e includono una selezione di emoji come □ (orso), □ (lupo), □ (cinghiale), □ (tigre) e □ (gorilla).

Queste due variabili vengono utilizzate successivamente nel codice per generare gli animali aggressivi casualmente, selezionando un certo numero di animali da `boscoEnemy` in modo casuale.

A questo punto possiamo definire la variabile che contiene gli animali e

```
// Dichiarazione dell'array degli animali
var animals = [];

// Creazione di tre animali cattivi con posizioni casuali
```

```javascript
for (var i = 0; i < numAnimaliAggressivi; i++)
{
    let arrayanimali = boscoEnemy.split(',')
    let length = arrayanimali.length;
    let dado = Math.floor((Math.random() * length));
    let tipoAnimale = arrayanimali[dado];
    let aggro = Math.floor((Math.random() * 1));

    // Definizione dell'oggetto per l'animale cattivo
    var animal =
    {
        x: Math.floor(Math.random() * width),
        y: Math.floor(Math.random() * height),
        char: tipoAnimale,
        vita: 3,
        speed: 1,
        sightRange: 5,
        aggressiveness: aggro,
        isChasingPlayer: false, // sta inseguendo il giocatore?
        isPlayerNearby: function()
        {
            // Rileva se il giocatore è nelle vicinanze dell'animale
            //e se l'animale è abbastanza aggressivo da attaccare
            return Math.abs(player.x - this.x) <= this.sightRange
                && Math.abs(player.y - this.y) <= this.sightRange
                && Math.random() < this.aggressiveness;
        },
        moveTowardsPlayer: function()
        {
            // Muovi l'animale verso il giocatore utilizzando l'algoritmo A*
            var path = findPath(this.x, this.y, player.x, player.y);
            if (path && path.length > 1)
            {
                this.x = path[1].x;
                this.y = path[1].y;
            }
        },
```

```
    attackPlayer: function()
    {
        // Attacca il giocatore
        player.vita -= 10;
    }
};

    animals.push(animal);
}
```

Innanzitutto, viene dichiarato un array vuoto chiamato `animals`, che servirà a contenere gli oggetti degli animali aggressivi generati.

Successivamente, viene eseguito un ciclo `for` che si ripete per un numero di volte pari a `numAnimaliAggressivi` (che dovrebbe essere stato calcolato in precedenza). Questo ciclo serve a generare gli animali aggressivi richiesti.

All'interno del ciclo, il codice esegue diverse operazioni. Innanzitutto, la stringa `boscoEnemy` viene suddivisa in un array utilizzando la virgola come delimitatore. Questo viene fatto tramite il metodo `split(',')`, che restituisce un array contenente i singoli animali aggressivi.
Successivamente, vengono calcolate la lunghezza dell'array degli animali (`length`) e un numero casuale (`dado`) compreso tra 0 e la lunghezza dell'array. Questo viene fatto utilizzando la funzione `Math.random()` per generare un numero casuale compreso tra 0 (incluso) e la lunghezza dell'array (esclusa). L'indice `dado` viene quindi utilizzato per selezionare un animale aggressivo casuale dall'array degli animali.

Successivamente, vengono definiti i vari attributi dell'animale aggressivo, come la posizione casuale (`x` e `y`), il carattere (`char`) che rappresenta l'animale sullo schermo, la vita iniziale (`vita`), la velocità (`speed`), la distanza di vista (`sightRange`), l'aggressività (`aggressiveness`), nonché alcune funzioni associate all'animale.

La funzione `isPlayerNearby()` viene utilizzata per verificare se il giocatore è nelle vicinanze dell'animale aggressivo e se l'animale è abbastanza aggressivo da attaccare. Viene calcolata la distanza tra la posizione dell'animale e quella del giocatore utilizzando le coordinate (`x` e `y`), e quindi viene restituito un valore booleano che indica se il giocatore è nelle vicinanze dell'animale e se l'animale è abbastanza aggressivo da attaccare.

La funzione `moveTowardsPlayer()` viene utilizzata per far muovere l'animale verso il giocatore utilizzando un algoritmo di percorso A*. Viene calcolato un percorso dalla posizione attuale dell'animale alla posizione del giocatore utilizzando la funzione `findPath()`, e se il percorso esiste e ha una lunghezza maggiore di 1, l'animale viene spostato alla seconda posizione.

Il codice seguente rappresenta una funzione chiamata `findPath` che implementa l'algoritmo A* per trovare un percorso tra una posizione di partenza e una posizione di destinazione sulla mappa di gioco.

```
function findPath(startX, startY, endX, endY)
{
  // Crea un'istanza di SimplexNoise per generare la mappa di rumore casuale
  var noise = new ROT.Noise.Simplex();

  // Definisci la funzione per calcolare il costo di spostamento
  // tra due celle adiacenti
  var getCost = function(x, y)
  {
   // Calcola il valore di rumore per la cella corrente
   var cell = noise.get(x/width, y/height) * 100;
   // Assegna un costo maggiore alle celle più difficili da attraversare
   return (cell > 50 ? 1 : 10);
  };

  // Definisci il grafo di ricerca del percorso utilizzando
  // la mappa generata
  var graph = new ROT.Path.AStar(endX, endY, getCost, {topology:8});

  // Trova il percorso dalla posizione di partenza (animale)
  // alla posizione di destinazione (giocatore)
  var path = [];
  var pathCallback = function(x, y) {
```

```
        path.push({x: x, y: y});
    };
    graph.compute(startX, startY, pathCallback);

    // Restituisci il percorso trovato
    return path;
}
```

Ecco come funziona il codice:

1. Viene creato un'istanza della classe `SimplexNoise` del modulo `ROT.Noise.Simplex`. Questa classe viene utilizzata per generare una mappa di rumore casuale utilizzata nel calcolo del costo di spostamento tra le celle adiacenti durante la ricerca del percorso.

2. La funzione `getCost` viene definita per calcolare il costo di spostamento tra due celle adiacenti sulla mappa. Viene utilizzato il valore di rumore generato dalla classe `SimplexNoise` per determinare la difficoltà di attraversare una determinata cella. Se il valore di rumore supera 50, viene assegnato un costo di 1 per quella cella, altrimenti viene assegnato un costo di 10.

3. Viene creato un oggetto `graph` di tipo `ROT.Path.AStar`, che rappresenta il grafo di ricerca del percorso utilizzando la posizione di destinazione, la funzione `getCost` e l'opzione `{topology:8}`. L'opzione `{topology:8}` indica che il grafo è basato su una griglia 8-vicinato, che consente gli spostamenti nelle otto direzioni adiacenti.

4. Viene inizializzato un array vuoto `path` che conterrà il percorso calcolato.

5. Viene definita la funzione di callback `pathCallback`, che viene chiamata per ogni cella visitata durante il calcolo del percorso. La funzione aggiunge le coordinate della cella corrente all'array `path`.

6. Viene chiamato il metodo `compute` dell'oggetto `graph` per calcolare il percorso dal punto di partenza (`startX` e `startY`) al punto di destinazione (`endX` e `endY`). Durante il calcolo del percorso, la funzione di callback `pathCallback` viene chiamata per ogni cella visitata, costruendo così il percorso.

7. Infine, viene restituito l'array `path` contenente il percorso calcolato.

In sintesi, la funzione `findPath` utilizza l'algoritmo A* per trovare il percorso ottimale tra una posizione di partenza e una posizione di destinazione sulla mappa di gioco, basandosi su una mappa di rumore casuale e sul calcolo dei costi di spostamento tra le celle adiacenti.

Torniamo adesso alla definizione dell'animale:

La funzione `attackPlayer()` viene eseguita quando l'animale riesce ad avvicinarsi al giocatore e decide di attaccarlo. Il valore di sottrazione può essere personalizzato in base alle regole del gioco. Nell'esempio fornito, viene sottratta una quantità fissa di 10 punti dalla vita del giocatore.

Definizione dei comportamenti e delle abilità dei nemici

La definizione dei comportamenti e delle abilità dei nemici è un aspetto cruciale nella progettazione dei giochi. I nemici devono presentare una sfida interessante e coinvolgente per il giocatore, offrendo una varietà di strategie e tattiche da affrontare. Di seguito sono illustrate alcune considerazioni importanti nella definizione dei comportamenti e delle abilità dei nemici.

1. Comportamenti di base: I nemici possono essere dotati di comportamenti di base che guidano il loro movimento e le loro azioni. Ad esempio, alcuni nemici possono inseguire il giocatore, mentre altri possono preferire attaccare a distanza. È possibile definire comportamenti come pattugliare un'area, attaccare in gruppo o fuggire quando feriti.

2. Intelligenza artificiale: L'implementazione di un'intelligenza artificiale (IA) per i nemici consente loro di prendere decisioni più complesse e adattarsi alle situazioni di gioco. L'IA può coinvolgere algoritmi di percorso, logiche decisionali basate su regole o approcci di apprendimento automatico. L'obiettivo è creare nemici che siano in grado di adattarsi al comportamento del giocatore e di fornire una sfida dinamica.

3. Abilità speciali: I nemici possono essere dotati di abilità speciali che li distinguono dagli altri. Queste abilità possono includere attacchi devastanti, difese potenziate, guarigione o abilità di stordimento. L'aggiunta di abilità speciali rende i nemici più unici e richiede al giocatore di adottare strategie specifiche per sconfiggerli.

4. Reattività: I nemici possono reagire alle azioni del giocatore, adattando il loro comportamento di conseguenza. Ad esempio, se il giocatore sta utilizzando una certa strategia, i nemici potrebbero cercare di contrarla o di prendere contromisure. Questo tipo di reattività aumenta l'immersione e la sfida nel gioco.

5. Progressione: I nemici possono essere progettati con una progressione di difficoltà, in modo che diventino più potenti o acquisiscano nuove abilità man mano che il giocatore avanza nel gioco. Questo offre una sfida in continua evoluzione e mantiene l'interesse del giocatore nel combattere i nemici.

6. Cooperazione e sinergie: Se il gioco prevede battaglie contro gruppi di nemici, è possibile definire comportamenti che favoriscano la cooperazione tra di loro. Possono creare sinergie tra le loro abilità o adottare strategie coordinate per mettere in difficoltà il giocatore.

La definizione dei comportamenti e delle abilità dei nemici richiede un bilanciamento attento, in modo che siano sfidanti ma non frustranti per il giocatore. È importante testare e affinare continuamente questi aspetti per garantire un'esperienza di gioco coinvolgente e appagante.

Concentriamoci sul comportamento di base, ed in particolare sul movimento. Ci sono diverse alternative per implementare il movimento degli animali aggressivi nel contesto di un gioco. Di seguito sono elencate alcune possibili alternative:

1. Movimento casuale: Gli animali aggressivi possono muoversi in modo casuale all'interno della mappa. Ad esempio, possono selezionare una direzione casuale e spostarsi di una certa distanza in quella direzione. Questo tipo di movimento può essere semplice da implementare ma potrebbe non essere molto tattico o realistico.

2. Movimento verso il giocatore: Gli animali aggressivi possono individuare la posizione del giocatore e muoversi in quella direzione. Possono utilizzare algoritmi di percorso come A* o altri algoritmi di ricerca del percorso per calcolare la direzione

migliore per raggiungere il giocatore. Questo tipo di movimento crea una sfida per il giocatore e richiede un'implementazione più avanzata.

3. Movimento predatorio: Gli animali aggressivi possono muoversi seguendo una strategia predatoria. Possono cercare di anticipare i movimenti del giocatore o cercare di circondarlo. Possono utilizzare algoritmi di intelligenza artificiale per prendere decisioni basate sulla posizione del giocatore e sulla propria posizione attuale.

4. Movimento basato su comportamenti: Gli animali aggressivi possono avere comportamenti predefiniti che influenzano il loro movimento. Ad esempio, un lupo potrebbe essere programmato per inseguire la preda più vicina o per attaccare solo se si sente minacciato. Questo tipo di movimento può essere basato su regole o su una macchina a stati finiti per gestire i diversi comportamenti degli animali.

5. Movimento reattivo: Gli animali aggressivi possono reagire alle azioni del giocatore. Ad esempio, se il giocatore si avvicina troppo, l'animale potrebbe attaccare. Se il giocatore si allontana, l'animale potrebbe smettere di inseguire. Questo tipo di movimento può essere basato su logiche condizionali e reattività agli input del giocatore.

L'approccio migliore dipende dal tipo di gioco, dalle caratteristiche degli animali aggressivi e dagli obiettivi di gameplay. È possibile combinare diverse alternative per creare movimenti più complessi e realistici.

Nell'ambito del nostro libro noi scegliamo di combinare la prima e la seconda opzione a seconda del contesto.

Il comportamento di cui parliamo è definito nella funzione seguente:

```
// Funzione per l'aggiornamento dell'animale
function updateAnimals()
{
  animals.forEach(function(animal) {

    const dx = player.x - animal.x;
    const dy = player.y - animal.y;
    const distance = Math.sqrt(dx*dx + dy*dy);
```

```
if (distance <= 1 && isPlayerFighting) {
    // Il giocatore sta combattendo
    // e l'animale è abbastanza vicino per essere attaccato
    // Ad esempio, riduciamo la vita dell'animale di 10 punti
    animal.vita -= 10;
}

if (distance <= 5)
{
    // L'animale è abbastanza vicino al giocatore, lo insegue
    const sx = dx > 0 ? 1 : -1;
    const sy = dy > 0 ? 1 : -1;

    // Controlla se il movimento è possibile
    if (map[animal.x + sx][animal.y] === emptyChar)
    {
        animal.x += sx;
    }
    else if (map[animal.x][animal.y + sy] === emptyChar)
    {
        animal.y += sy;
    }


    // L'animale può attaccare il giocatore
    // se è abbastanza vicino e il giocatore non sta correndo
    if (distance <= 1 && !player.isSprinting)
    {
        player.vita -= 10;
    }
}
else
{
    // L'animale è troppo lontano dal giocatore, si sposta casualmente
    const possibleMoves = [{x: 1, y: 0},
                {x: -1, y: 0},
```

```
                    {x: 0, y: 1},
                    {x: 0, y: -1}];
        const validMoves = possibleMoves.filter((move) =>
        {
            const x = animal.x + move.x;
            const y = animal.y + move.y;
            return x >= 0
                && x < width && y >= 0
                && y < height
                && map[x][y] === emptyChar;
        });

        if (validMoves.length > 0)
        {
            // Sceglie casualmente una delle caselle adiacenti disponibili
            const move = validMoves[
                    Math.floor(Math.random() * validMoves.length)];
            animal.x += move.x;
            animal.y += move.y;
        }
    }

    });
}
```

Il codice fornito rappresenta la funzione `updateAnimals()`, che viene utilizzata per l'aggiornamento degli animali nel gioco. La funzione attraversa tutti gli animali presenti nell'array `animals` e determina il loro comportamento in base alla loro posizione rispetto al giocatore.

Ecco una spiegazione delle varie parti del codice:

1. La funzione `updateAnimals()` attraversa l'array `animals` utilizzando il metodo `forEach()`, che esegue una determinata azione per ogni animale presente.

2. Viene calcolata la distanza tra l'animale e il giocatore utilizzando le coordinate x e y di entrambi, utilizzando il teorema di Pitagora (`Math.sqrt(dx*dx + dy*dy)`). Questo

valore di distanza viene utilizzato successivamente per prendere decisioni basate sulla vicinanza del giocatore all'animale.

3. Viene verificato se la distanza tra l'animale e il giocatore è inferiore o uguale a 1 e se il giocatore sta combattendo (`isPlayerFighting`). In tal caso, viene eseguita un'azione, ad esempio riducendo la vita dell'animale di 10 punti (`animal.vita -= 10`).

4. Viene verificato se la distanza tra l'animale e il giocatore è inferiore o uguale a 5. In tal caso, l'animale si avvicina al giocatore inseguendolo. Viene calcolata la direzione in cui muoversi (`sx` e `sy`) in base alla differenza tra le coordinate x e y del giocatore e dell'animale.

5. Viene verificato se il movimento in una determinata direzione è possibile controllando la mappa di gioco (`map`) nella posizione corrispondente. Se la casella adiacente nella direzione orizzontale (`animal.x + sx`) è vuota (`emptyChar`), l'animale si sposta in quella direzione incrementando o decrementando la sua coordinata x (`animal.x += sx`). Altrimenti, se la casella adiacente nella direzione verticale (`animal.y + sy`) è vuota, l'animale si sposta in quella direzione incrementando o decrementando la sua coordinata y (`animal.y += sy`).

6. Viene verificato se l'animale è abbastanza vicino al giocatore per attaccarlo. Se la distanza tra l'animale e il giocatore è inferiore o uguale a 1 e il giocatore non sta correndo (`!player.isSprinting`), viene eseguita un'azione, ad esempio riducendo la vita del giocatore di 10 punti (`player.vita -= 10`).

7. Se la distanza tra l'animale e il giocatore è maggiore di 5, significa che l'animale è troppo lontano dal giocatore. In questo caso, l'animale si muove casualmente in una delle caselle adiacenti disponibili. Vengono definite le possibili mosse (`possibleMoves`), che sono gli spostamenti orizzontali e verticali di una casella. Viene filtrato l'array delle mosse valide (`validMoves`) verificando che la nuova posizione dell'animale sia all'interno dei limiti della mappa e che la casella sia vuota. Se ci sono mosse valide, viene scelta casualmente una di esse e l'animale si sposta in quella direzione aggiornando le sue coordinate (`animal.x += move.x; animal.y += move.y`).

In sostanza, la funzione `updateAnimals()` gestisce il comportamento degli animali nel gioco, consentendo loro di inseguire il giocatore, attaccarlo se è sufficientemente vicino e spostarsi casualmente se sono lontani.

Prima di poterla utilizzare, dobbiamo definire la funzione che ci permetterà di disegnare gli animali sulla mappa.

```
function drawAnimals()
{
    animals.forEach(function(animal)
    {
        display.draw(animal.x, animal.y, animal.char);
    });
}
```

La funzione scorre tutti gli animali presenti nell'array `animals` utilizzando il metodo `forEach()`. Per ogni animale, viene chiamato il metodo `draw()` dell'oggetto `display` per posizionare il carattere rappresentativo dell'animale sulla posizione corrispondente della mappa.

Come ultima azione, aggiorniamo la funzione `draw()` in modo da recepire le ultime aggiunte che abbiamo apportato al codice.

```
function draw()
{
    // Aggiorno il comportamento degli animali
    updateAnimals()

    display.clear();

    // Disegnare la mappa con effetto di illuminazione
    drawMapWithLighting();

    drawPlayer();
    drawCampobase();

    drawAnimals();
```

```
    drawHUD();
}
```

Ecco cosa fa la funzione:

1. `updateAnimals()`: Viene chiamata la funzione `updateAnimals()` per aggiornare il comportamento degli animali sulla mappa. Questo potrebbe includere il movimento degli animali, le interazioni con il giocatore o altre azioni specifiche degli animali.

Un'altra possibilità per aggiornare il comportamento degli animali sarebbe quello di eliminare la riga `updateAnimals()` dalla funzione draw e usare una soluzione di questo tipo:

```
// Imposta l'intervallo di aggiornamento degli animali e il disegno
setInterval(function()
{
    updateAnimals();
}, 1000/2);
// Esegui ogni secondo
// (puoi modificare il tempo di intervallo come desideri)
```

2. `display.clear()`: Viene chiamato il metodo `clear()` dell'oggetto `display` per cancellare il contenuto precedente del display o della finestra di gioco. Questo assicura che ogni volta che viene eseguito il disegno, si parta da una schermata pulita.

3. `drawMapWithLighting()`: Viene chiamata la funzione `drawMapWithLighting()` per disegnare la mappa di gioco, con l'effetto di illuminazione applicato. Questo potrebbe includere l'illuminazione dinamica o altre tecniche per rendere la mappa più realistica.

4. `drawPlayer()`: Viene chiamata la funzione `drawPlayer()` per disegnare il personaggio del giocatore sulla mappa. Questo potrebbe includere il disegno del carattere rappresentativo del giocatore nella posizione corrente.

5. `drawCampobase()`: Viene chiamata la funzione `drawCampobase()` per disegnare la base del campo o qualsiasi altro elemento fisso sulla mappa che rappresenti una caratteristica importante del gioco.

6. `drawAnimals()`: Viene chiamata la funzione `drawAnimals()` per disegnare gli animali sulla mappa. Questo potrebbe includere il disegno dei caratteri rappresentativi degli animali nelle rispettive posizioni.

7. `drawHUD()`: Viene chiamata la funzione `drawHUD()` per disegnare l'interfaccia utente (HUD) sulla schermata di gioco. Questo potrebbe includere l'indicazione del punteggio del giocatore, la visualizzazione delle vite rimanenti, le informazioni sull'inventario o altri elementi di gioco.

In sostanza, abbiamo ridefinito la funzione generale `draw()` che si occupa di aggiornare e disegnare gli elementi della scena di gioco sulla mappa, inclusi gli animali, il giocatore, la mappa stessa e l'interfaccia utente.

Gestione della salute, dell'energia e di altri attributi del personaggio

Abbiamo sviluppato un gioco Roguelike testuale ambientato in una foresta generata casualmente. Il giocatore esplora questa foresta affrontando animali aggressivi, raccogliendo risorse e cercando tesori nascosti. Abbiamo implementato la generazione della foresta utilizzando un algoritmo di random walk, creando un labirinto di alberi e sentieri.

Finora, abbiamo introdotto la gestione degli animali aggressivi che vagano nella foresta. Gli animali sono stati creati casualmente, con diversi tipi e attributi come posizione, carattere visivo, vita e velocità. Quando il giocatore si avvicina agli animali e viene attaccato, i suoi punti vita diminuiscono. Il giocatore inizia con 100 punti vita, che sono anche collegati ai suoi punti movimento. Ogni azione compiuta dal giocatore, come il movimento o l'utilizzo di risorse, consuma punti movimento corrispondenti ai punti vita. Quando i punti vita scendono a zero, il giocatore perde.

Abbiamo anche introdotto un campobase nella foresta, che funge da rifugio sicuro per il giocatore. Quando il giocatore torna al campobase, i suoi punti vita vengono resettati a 100 e le risorse raccolte durante l'esplorazione vengono aggiunte alle risorse del campobase. Questo permette al giocatore di recuperare punti vita e rifornimenti prima di avventurarsi nuovamente nella foresta.

Per gestire la salute e i punti vita del giocatore, abbiamo utilizzato una variabile "vita" inizializzata a 100. Ogni volta che il giocatore viene attaccato dagli animali, i punti vita vengono ridotti di una quantità specifica. Per il collegamento tra i punti vita e i punti movimento, possiamo definire che ogni punto vita rappresenti un punto movimento. Ogni azione del giocatore che richiede movimento o utilizzo di risorse comporta una diminuzione dei punti vita corrispondenti. Quando il giocatore raggiunge il campobase, possiamo reimpostare i punti vita a 100 e aggiungere le risorse raccolte al campobase per consentire al giocatore di recuperare e accumulare forniture.

In questo modo, la gestione della salute e degli altri attributi del personaggio diventa un elemento cruciale nel gameplay, richiedendo al giocatore di fare scelte tattiche e di gestire attentamente le proprie risorse mentre esplora la foresta e affronta gli animali aggressivi.

Implementazione di un sistema di morte permanente (permadeath)

L'implementazione di questa meccanica aggiunge una sfida e una dimensione di tensione al gioco. Ogni azione compiuta dal giocatore diventa più significativa e importante, poiché anche una sola mossa sbagliata può portare alla morte permanente del personaggio.

Questa caratteristica crea una sensazione di pericolo costante e richiede al giocatore di prendere decisioni strategiche e di valutare attentamente i rischi e i benefici di ogni azione intrapresa. Ogni passo compiuto, ogni combattimento, ogni scelta di esplorazione o utilizzo di utensili diventano fondamentali per sopravvivere nella foresta.

Il sistema di morte permanente aggiunge una componente di realismo e autenticità al gioco, poiché richiama la natura implacabile e imprevedibile dell'esplorazione in una foresta selvaggia. Complessivamente, l'implementazione di un sistema di morte permanente nel nostro gioco Roguelike aggiunge una dimensione di tensione, realismo e sfida.

Tuttavia, la morte permanente può essere frustrante per alcuni giocatori, in quanto richiede un approccio attento e può comportare la perdita di tutto il progresso raggiunto. Pertanto, abbiamo bilanciato la difficoltà del gioco in modo da offrire una sfida soddisfacente, ma senza risultare eccessivamente punitivo.

Giochi roguelike come "NetHack" e "Dungeon Crawl Stone Soup" seguono il principio della morte permanente senza compromessi. Una volta che il personaggio muore, non esiste un meccanismo di salvataggio o ripristino per tornare al punto precedente. Il giocatore deve accettare la sua sconfitta e iniziare una nuova partita.

Alcuni giochi roguelike moderni, come "The Binding of Isaac" e "Rogue Legacy", introducono elementi di progressione permanente per mitigare la durezza della morte permanente. Anche se il personaggio principale muore, il giocatore può sbloccare nuovi oggetti, abilità o personaggi che possono essere utilizzati nelle partite successive. Questi elementi di progressione permanente offrono una motivazione aggiuntiva per giocare nuovamente, rendendo l'esperienza più varia e consentendo al giocatore di accumulare conoscenze e competenze nel tempo.

In entrambi i casi, il sistema di morte permanente è un elemento fondamentale dei giochi roguelike. Aggiunge sfida, tensione e una sensazione di autenticità alle partite, creando una vera e propria avventura unica ad ogni tentativo.

Nel gioco che abbiamo costruito insieme nel libro, il sistema di permadeath è implementato in modo rigoroso. L'obiettivo principale del gioco è resistere il più a lungo possibile, e la morte permanente comporta la fine definitiva della partita. Durante il gioco, è fondamentale verificare costantemente i punti vita del giocatore, le risorse alimentari disponibili e il grado di deterioramento degli utensili.

I punti vita del giocatore rappresentano la sua salute e il suo benessere. Ogni azione, come l'esplorazione della foresta o il combattimento con gli animali aggressivi, può influire sulla quantità di punti vita rimanenti. Il giocatore deve fare attenzione a mantenere i suoi punti vita ad un livello sufficientemente alto per affrontare le sfide che si presentano nel corso della partita.

Le risorse alimentari sono essenziali per la sopravvivenza del giocatore. Devono essere raccolte e gestite con cura, poiché la mancanza di cibo può portare ad una diminuzione dei punti vita o persino alla morte. Il giocatore deve pianificare adeguatamente la sua caccia e la raccolta di cibo per garantire una fornitura sufficiente per sopravvivere nel corso dei giorni.

Gli utensili, come armi o strumenti per la raccolta di risorse, si deteriorano con l'uso e possono rompersi se non vengono riparati o sostituiti. La mancanza di utensili funzionanti può rendere le attività quotidiane più difficili e pericolose. Il giocatore deve prestare attenzione al grado di deterioramento degli utensili e prendere provvedimenti per ripararli o sostituirli quando necessario.

In caso di morte del personaggio, la partita termina definitivamente. Il giocatore dovrà ricominciare da capo, cercando di fare progressi migliori nella successiva partita. Non esistono meccanismi di salvataggio o ripristino del progresso precedente, e ogni partita rappresenta una nuova sfida.

L'implementazione di questo sistema di permadeath nel gioco del libro mira a creare una sfida realistica e ad aumentare la tensione e il senso di responsabilità del giocatore nel prendere decisioni. Inoltre, incoraggia il giocatore a migliorare le proprie abilità nel tempo e a sfruttare al meglio le risorse a disposizione per resistere il più a lungo possibile.

"Ogni sconfitta è solo un altro passo verso il successo." - Dwarf Fortress

Capitolo 5: Aggiunta Di Elementi Audio Al Gioco

Integrazione di effetti sonori e musica nel gioco

In questo capitolo, affrontiamo l'aggiunta di elementi audio al gioco, inclusi effetti sonori e musica. L'audio è un componente essenziale per creare un'esperienza coinvolgente e immersiva per i giocatori. Utilizziamo la libreria Howler.js, che offre un'interfaccia semplice per la riproduzione di audio in JavaScript.

Per integrare effetti sonori nel gioco, segui i seguenti passaggi:

1. Scarica la libreria Howler.js

2. Includi la libreria Howler.js nel roguelike.html utilizzando il tag `<script>` e il percorso corretto per il file di script:

```
<script src="howler.core.js"></script>
```

2. Dopo aver copiato i file audio che desideri utilizzare nel gioco nella directory del progetto, caricali nel file roguelike.js. Puoi utilizzare diversi formati audio supportati, come MP3, WAV, OGG, tra gli altri. Ad esempio:

```
var soundPassi = new Howl({
    src: [suonoPassi.mp3']
});

var soundChop = new Howl({
    src: [chop.mp3']
});
```

Puoi specificare più formati audio per garantire la compatibilità con diversi browser:

```
var soundPassi = new Howl({
    src: ['cartelladiprogettoroguelike/suonoPassi.mp3','cartella/suono.ogg']
});
```

3. Per riprodurre un effetto sonoro in risposta a un'azione nel gioco, come premere un pulsante o compiere una determinata azione, utilizza il metodo `play()` dell'oggetto Howl. Nel nostro caso utilizzeremo la funzione play() all'interno della funzione handleKeyDown():


```
switch(event.code)
{
    case "ArrowUp":
        movePlayer(0, -1);
        draw()
        soundPassi.play();

        if (player.isUsingTool == true)
            soundChop.play();

        break;
```

Puoi anche impostare opzioni aggiuntive per il suono, come il volume o la velocità di riproduzione:

```
soundPassi.play({
    volume: 0.5,  // Imposta il volume al 50%
    rate: 1.5     // Aumenta la velocità di riproduzione del 50%
        });
```

A questo punto è chiaro come poter utilizzare i suoi in diverse situazioni.

Per quanto riguarda l'integrazione della musica nel gioco, il processo è simile. Puoi seguire gli stessi passaggi per caricare e riprodurre file audio di musica utilizzando l'oggetto Howl. Tuttavia, la musica di solito ha una durata più lunga rispetto agli effetti sonori e potresti voler controllare anche le opzioni di riproduzione, come l'abilitazione del loop per far ripetere la musica continuamente:

81

```
var music = new Howl({
    src: ['cartella/musica.mp3'],
// Abilita il loop per far ripetere la musica
    loop: true
});


music.play();
```

In questo modo, la musica verrà riprodotta in loop fino a quando non viene fermata esplicitamente.

L'integrazione di effetti sonori e musica nel gioco contribuirà a creare un'atmosfera coinvolgente e arricchire l'esperienza di gioco complessiva.

Esistono diverse risorse online dove è possibile trovare dei semplici file audio da utilizzare nei progetti personali. Ecco alcuni siti che offrono librerie di suoni gratuiti:

1. **Freesound** (https://freesound.org/): Un'enorme raccolta di suoni gratuiti caricati dagli utenti. È possibile cercare per categoria, tag o parola chiave.

2. Zapsplat (https://www.zapsplat.com/): Una vasta libreria di effetti sonori gratuiti, organizzati in categorie. È richiesta la registrazione gratuita per il download.

3. OpenGameArt (https://opengameart.org/): Una comunità che condivide risorse grafiche e audio gratuite per giochi. Include una sezione dedicata agli effetti sonori.

4. SoundBible (http://soundbible.com/): Una raccolta di suoni gratuiti, compresi effetti sonori e registrazioni di ambienti. I suoni sono organizzati per categorie.

5. YouTube Audio Library (https://www.youtube.com/audiolibrary/music): La libreria audio di YouTube offre una vasta selezione di musica e effetti sonori gratuiti che possono essere utilizzati nei progetti, anche al di fuori di YouTube.

È importante verificare le licenze degli audio che si scaricano e assicurarsi di rispettare le condizioni d'uso specificate da ogni risorsa. In alcuni casi, potrebbe essere necessario accreditare l'autore o richiedere un permesso esplicito per l'utilizzo commerciale.

Inoltre, molti software di editing audio offrono librerie di suoni predefinite che possono essere utilizzate per creare effetti sonori personalizzati. Ad esempio, software come Audacity (https://www.audacityteam.org/) o Adobe Audition (https://www.adobe.com/products/audition.html) includono una selezione di effetti sonori e strumenti per la creazione di suoni.

Ricorda sempre di rispettare i diritti d'autore e di utilizzare i file audio solo secondo le condizioni specificate dalle risorse da cui li hai ottenuti.

Per il codice di esempio di questo libro abbiamo recuperato i files audio dalla prima fonte.A titolo informativo abbiamo introdotto l'utilizzo di due files audio, uno per quando il giocatore cammina e uno per quando il giocatore usa un'accetta, un piccone. Ovviamente per espandere l'esperienza di gioco, puoi scegliere di utilizzare un file audio per ogni diverso caso d'uso.

Capitolo 6: Ottimizzazione E Miglioramento Delle Prestazioni

In questo capitolo, scopriremo come ottimizzare il codice JavaScript, gestire le risorse e la memoria, utilizzare algoritmi efficienti e risolvere i bug per migliorare le prestazioni del gioco roguelike.

Tecniche di ottimizzazione del codice JavaScript

Tecniche di ottimizzazione del codice JavaScript sono fondamentali per garantire prestazioni ottimali nel nostro gioco roguelike. Di seguito sono riportate alcune tecniche comuni che possiamo adottare:

1. Minimizzazione del codice: Ridurre la dimensione del codice JavaScript può migliorare le prestazioni complessive del gioco. Possiamo utilizzare strumenti come minificatori per eliminare gli spazi vuoti, ridurre la dimensione delle variabili e semplificare il codice.

Ci sono diversi strumenti disponibili per la minimizzazione del codice JavaScript. Alcuni esempi comuni includono:

1. UglifyJS: UglifyJS è uno strumento popolare per la minimizzazione del codice JavaScript. Offre funzionalità per la rimozione degli spazi vuoti, la riduzione dei nomi delle variabili e la compressione del codice. Può essere utilizzato sia da riga di comando che come modulo Node.js.

2. Terser: Terser è un altro strumento di minimizzazione del codice JavaScript che offre un'ampia gamma di opzioni di compressione. Può essere utilizzato per rimuovere gli spazi vuoti, ridurre i nomi delle variabili, eliminare il codice morto e altro ancora. È disponibile come modulo Node.js e può essere utilizzato anche da riga di comando.

3. Closure Compiler: Closure Compiler è uno strumento di Google per la minimizzazione e l'ottimizzazione del codice JavaScript. Offre un'ampia gamma di ottimizzazioni, tra cui la rimozione del codice inutilizzato, la semplificazione delle

espressioni, l'inlining delle funzioni e altro ancora. È disponibile sia come strumento online che come strumento da riga di comando.

4. Babel: Babel è uno strumento ampiamente utilizzato per la trascompilazione del codice JavaScript, ma può anche essere utilizzato per la minimizzazione del codice. Può convertire il codice JavaScript in una forma più compatta e compatibile con versioni precedenti del linguaggio. È particolarmente utile quando si lavora con funzionalità ECMAScript più recenti.

Questi sono solo alcuni esempi di strumenti disponibili per la minimizzazione del codice JavaScript. Ogni strumento ha le sue caratteristiche e opzioni specifiche, quindi è consigliabile esplorarli e scegliere quello più adatto alle nostre esigenze di progetto.

2. Ottimizzazione dei loop: I loop possono essere una fonte comune di rallentamenti. Possiamo cercare di ridurre il numero di iterazioni, evitare operazioni costose all'interno dei loop e utilizzare approcci più efficienti come la programmazione funzionale o l'utilizzo di mappe e filtri.

3. Memorizzazione della lunghezza degli array: Nel caso di loop che iterano su array, è consigliabile memorizzare la lunghezza dell'array in una variabile esterna prima di avviare il loop. Questo evita che JavaScript calcoli la lunghezza dell'array ad ogni iterazione, migliorando le prestazioni.

4. Cache delle proprietà degli oggetti: Se si accede frequentemente alle stesse proprietà di un oggetto, è utile memorizzare tali valori in variabili separate. Questo riduce il tempo di accesso alle proprietà dell'oggetto e migliora le prestazioni complessive.

5. Utilizzo di operazioni ottimizzate: Invece di utilizzare operazioni costose come le divisioni, possiamo cercare modi alternativi per raggiungere gli stessi risultati. Ad esempio, possiamo moltiplicare per l'inverso di un numero al posto di dividerlo.

6. Limitazione delle chiamate a funzioni costose: Chiamate a funzioni ricorsive o funzioni complesse possono avere un impatto significativo sulle prestazioni. Possiamo cercare di ridurre il numero di chiamate a funzioni costose, valutando l'opportunità di riscrivere il codice in modo più efficiente.

Ci sono diverse tecniche e buone pratiche che possono rendere il codice JavaScript più efficace e di qualità. Ecco alcune delle tecniche più importanti:

1. Utilizzo di let e const anziché var: L'uso di let e const per dichiarare le variabili permette di avere un migliore controllo dello scope delle variabili e previene problemi di ridefinizione accidentale delle variabili.

2. Utilizzo di arrow function: Le arrow function offrono una sintassi più concisa e possono migliorare la leggibilità del codice. Inoltre, le arrow function non modificano il valore di 'this', evitando così potenziali problemi legati al contesto.

```
// Funzione tradizionale
function multiply(a, b) {
  return a * b;
}

// Arrow function equivalente
const multiply = (a, b) => a * b;

// Esempio di utilizzo
console.log(multiply(5, 3)); // Output: 15
```

Nell'esempio sopra, abbiamo definito una funzione `multiply` che moltiplica due numeri. Nella versione tradizionale, abbiamo la parola chiave `function` e la keyword `return` per restituire il risultato. Nell'arrow function equivalente, abbiamo semplicemente dichiarato i parametri tra parentesi `(a, b)`, seguiti dalla freccia `=>` e poi l'espressione `a * b`. L'arrow function restituisce automaticamente il risultato dell'espressione senza bisogno di specificare la parola chiave `return`.

Le arrow function sono particolarmente utili quando si desidera una sintassi più concisa e quando non è necessario il controllo del valore di `this`.

3. Utilizzo di template string: Le template string consentono di creare stringhe più leggibili e più flessibili, consentendo l'interpolazione delle variabili all'interno delle stringhe.

```
const name = "Alice";
```

```javascript
const age = 30;

const greeting = `Ciao, mi chiamo ${name} e ho ${age} anni.`;

console.log(greeting);
```

4. Utilizzo di destructuring: La destructuring assignment permette di estrarre i valori da un array o da un oggetto in modo conciso, facilitando la lettura e la gestione dei dati.

```javascript
// Oggetto con proprietà
const person = {
    name: "Alice",
    age: 30,
    city: "Roma"
};

// Destructuring oggetto
const { name, age, city } = person;

console.log(name); // Output: "Alice"
console.log(age);  // Output: 30
console.log(city); // Output: "Roma"

// Array
const numbers = [1, 2, 3, 4, 5];

// Destructuring array
const [first, second, ...rest] = numbers;

console.log(first);  // Output: 1
console.log(second); // Output: 2
console.log(rest);   // Output: [3, 4, 5]
```

Nell'esempio sopra, abbiamo un oggetto `person` con diverse proprietà come `name`, `age` e `city`. Utilizzando il destructuring, estraiamo direttamente le proprietà dall'oggetto e le assegniamo a delle variabili corrispondenti con lo stesso nome. In questo modo, possiamo accedere ai valori delle proprietà in modo più diretto.

Nell'esempio dell'array `numbers`, utilizziamo il destructuring per assegnare il primo elemento alla variable `first`, il secondo elemento alla variabile `second` e il resto degli elementi a un array chiamato `rest`.

Il destructuring permette di estrarre rapidamente i valori da oggetti e array, semplificando la scrittura del codice e migliorando la sua leggibilità.

5. Utilizzo di default parameters: I default parameters permettono di specificare dei valori predefiniti per i parametri di una funzione, semplificando così il codice e riducendo la complessità delle condizioni di controllo.

```javascript
// Oggetto con proprietà
const person = {
    name: "Alice",
    age: 30,
    city: "Roma"
};

// Destructuring oggetto
const { name, age, city } = person;

console.log(name); // Output: "Alice"
console.log(age);  // Output: 30
console.log(city); // Output: "Roma"

// Array
const numbers = [1, 2, 3, 4, 5];

// Destructuring array
const [first, second, ...rest] = numbers;

console.log(first);  // Output: 1
console.log(second); // Output: 2
console.log(rest);   // Output: [3, 4, 5]
```

Nell'esempio sopra, abbiamo un oggetto `person` con diverse proprietà come `name`, `age` e `city`. Utilizzando il destructuring, estraiamo direttamente le proprietà dall'oggetto e le assegniamo a delle variabili corrispondenti con lo stesso nome. In questo modo, possiamo accedere ai valori delle proprietà in modo più diretto.

Nell'esempio dell'array `numbers`, utilizziamo il destructuring per assegnare il primo elemento allavariabile `first`, il secondo elemento alla variabile `second` e il resto degli elementi a un array chiamato `rest`.

Il destructuring permette di estrarre rapidamente i valori da oggetti e array, semplificando la scrittura del codice e migliorando la sua leggibilità.

6. Utilizzo di object shorthand notation: La object shorthand notation consente di definire oggetti in modo più conciso, senza dover ripetere la definizione delle proprietà quando i nomi delle proprietà e le variabili hanno lo stesso nome.

```
const name = "John";
const age = 30;

const person = {
name,
age,
greet() {
console.log(`Hello, my name is ${this.name} and I'm ${this.age} years old.`);
}
};

console.log(person.name); // Output: "John"
console.log(person.age); // Output: 30
person.greet(); // Output: "Hello, my name is John and I'm 30 years old."
```

Nell'esempio sopra, abbiamo un oggetto `person` con due proprietà: `name` e `age`. Utilizzando la "object shorthand notation", possiamo assegnare i valori alle proprietà direttamente utilizzando le variabili o le costanti con lo stesso nome. In questo caso, il valore della variabile `name` viene assegnato alla proprietà `name` dell'oggetto `person`, e il valore della variabile `age` viene assegnato alla proprietà `age`.

Inoltre, nella "object shorthand notation", possiamo definire anche dei metodi all'interno dell'oggetto senza utilizzare la sintassi `function`. Nel nostro esempio, abbiamo il metodo `greet()` che utilizza il template string per generare un messaggio di saluto utilizzando le proprietà `name` e `age` dell'oggetto.

Infine, possiamo accedere alle proprietà dell'oggetto utilizzando la notazione punto, ad esempio `person.name` restituisce il valore "John" e `person.age` restituisce il valore 30. Inoltre, possiamo chiamare il metodo `greet()` sull'oggetto `person` per stampare il messaggio di saluto.

7. Utilizzo di map, filter e reduce: Le funzioni di array map, filter e reduce offrono un modo elegante per manipolare gli array, evitando l'uso di cicli for e rendendo il codice più leggibile e funzionale.

```
const numbers = [1, 2, 3, 4, 5];

// Utilizzo del metodo map per raddoppiare ogni numero dell'array
const doubledNumbers = numbers.map((num) => num * 2);
console.log(doubledNumbers); // Output: [2, 4, 6, 8, 10]

// Utilizzo del metodo filter per filtrare solo i numeri pari
const evenNumbers = numbers.filter((num) => num % 2 === 0);
console.log(evenNumbers); // Output: [2, 4]

// Utilizzo del metodo reduce per calcolare la somma di tutti i numeri
const sum = numbers.reduce((acc, num) => acc + num, 0);
console.log(sum); // Output: 15
```

8. Utilizzo dei moduli: L'utilizzo dei moduli permette di organizzare il codice in moduli separati, rendendo più facile la manutenzione e la gestione delle dipendenze.

Queste sono solo alcune delle tecniche che possono migliorare l'efficacia del codice JavaScript. È importante tenere presente che ogni progetto ha le sue esigenze specifiche e le buone pratiche possono variare in base al contesto.

È importante notare che l'ottimizzazione del codice dovrebbe essere guidata dalla profilazione e dall'analisi delle prestazioni del nostro gioco. È consigliabile utilizzare strumenti di profilazione per identificare le parti del codice che richiedono più tempo di esecuzione e concentrare i nostri sforzi di ottimizzazione su quelle aree critiche.

Implementando queste tecniche, saremo in grado di ottimizzare il nostro codice JavaScript e garantire che il nostro gioco roguelike funzioni in modo fluido e reattivo, offrendo un'esperienza di gioco più piacevole per i giocatori.

Gestione della memoria e delle risorse

La gestione della memoria e delle risorse è un aspetto fondamentale per ottimizzare le prestazioni di un'applicazione JavaScript. Ecco alcune best practice per una gestione efficiente della memoria e delle risorse:

1. Limitare l'uso di memoria: Evitare la creazione di oggetti inutili o duplicati. Quando possibile, riusare gli oggetti esistenti invece di crearne di nuovi. Ciò riduce la pressione sulla memoria e il tempo di esecuzione necessario per la gestione degli oggetti.

2. Liberare la memoria non utilizzata: Assicurarsi di rilasciare la memoria degli oggetti che non sono più necessari. Ciò può essere fatto assegnando il valore `null` agli oggetti o utilizzando il meccanismo di garbage collection incorporato nel motore JavaScript.

3. Utilizzare il pooling degli oggetti: Se l'applicazione richiede la creazione frequente di oggetti temporanei, come oggetti di dati o vettori, è possibile implementare un sistema di pooling degli oggetti. Questo significa che invece di creare e distruggere oggetti ripetutamente, si possono riutilizzare oggetti esistenti dal pool, riducendo così l'impatto sulla memoria.

4. Gestire le risorse esterne: Quando si utilizzano risorse esterne come connessioni di rete, file o altre risorse di sistema, è importante assicurarsi di chiudere o rilasciare

correttamente queste risorse una volta che non sono più necessarie. Ciò previene eventuali perdite di risorse e assicura un utilizzo efficiente delle risorse di sistema.

5. Ottimizzare l'uso del DOM: Il manipolamento del DOM può richiedere una quantità significativa di risorse. È consigliabile minimizzare le operazioni di aggiornamento del DOM, ad esempio combinando le modifiche in un'unica operazione o utilizzando tecniche come il document fragment per evitare un numero eccessivo di ricalcoli del layout.

6. Utilizzare lo strumento di profiling: I browser moderni offrono strumenti di sviluppo integrati che consentono di profilare l'esecuzione del codice JavaScript. Questi strumenti possono fornire informazioni preziose sulle aree di miglioramento in termini di utilizzo della memoria e delle risorse. È consigliabile utilizzare questi strumenti per identificare i punti critici e apportare le opportune ottimizzazioni.

La gestione efficiente della memoria e delle risorse è essenziale per garantire una buona esperienza utente e prestazioni fluide nell'applicazione JavaScript. Seguendo le best practice sopra descritte, è possibile ridurre l'impatto sulla memoria e massimizzare l'utilizzo delle risorse disponibili, migliorando complessivamente le prestazioni dell'applicazione.

Utilizzo di algoritmi efficienti per la generazione di livelli e per il calcolo delle AI dei nemici

Nel contesto di un gioco roguelike, l'efficienza degli algoritmi utilizzati per la generazione di livelli e per il calcolo delle intelligenze artificiali (AI) dei nemici è cruciale per garantire un'esperienza di gioco fluida e coinvolgente. Ecco alcune considerazioni importanti per l'utilizzo di algoritmi efficienti in queste aree:

Generazione di livelli:
1. Algoritmi di generazione casuale controllata: Utilizzare algoritmi che generano livelli in modo casuale, ma con un controllo accurato sugli elementi chiave come la distribuzione degli ostacoli, la presenza di percorsi accessibili e la disposizione degli

oggetti. Questo permette di ottenere livelli interessanti e bilanciati, evitando situazioni impossibili o poco divertenti.

2. Algoritmi di generazione a celle: Utilizzare algoritmi basati su celle per generare livelli strutturati e modulari. Questo permette di creare livelli ripetibili e facilmente gestibili, in cui ogni cella è stata attentamente progettata e bilanciata.

3. Generazione procedurale: Sfruttare l'approccio della generazione procedurale per creare livelli diversi ad ogni partita. Utilizzare algoritmi che combinano regole e pattern predefiniti per generare livelli unici e imprevedibili, offrendo un alto grado di rigiocabilità.

Calcolo delle AI dei nemici:
1. Algoritmi di ricerca e pathfinding: Utilizzare algoritmi efficienti per il calcolo dei percorsi e la navigazione dei nemici all'interno del livello. Algoritmi come A* o Dijkstra sono spesso utilizzati per trovare i percorsi ottimali tra punti nel livello, permettendo ai nemici di muoversi in modo intelligente verso il giocatore o verso obiettivi specifici.

2. Algoritmi di decisione e comportamento: Implementare algoritmi che consentono ai nemici di prendere decisioni intelligenti basate sulle informazioni disponibili, come la posizione del giocatore, la loro salute o gli obiettivi specifici. Questo può includere algoritmi di intelligenza artificiale come gli alberi di decisione o i grafi dei comportamenti.

3. Ottimizzazione delle risorse: Assicurarsi che i calcoli delle AI dei nemici siano ottimizzati per limitare l'utilizzo delle risorse del sistema. Ciò può includere la riduzione del numero di calcoli necessari o l'implementazione di tecniche come la caching delle decisioni per evitare calcoli ripetitivi.

L'utilizzo di algoritmi efficienti per la generazione di livelli e per il calcolo delle AI dei nemici contribuisce a garantire un gioco roguelike coinvolgente e ben bilanciato. Questi algoritmi consentono di creare livelli interessanti e dinamici e di offrire nemici intelligenti e sfidanti, migliorando complessivamente l'esperienza di gioco per il giocatore.

Strumenti e metodi per il debugging e il profiling del gioco

Durante lo sviluppo di un gioco, il debugging e il profiling sono processi essenziali per individuare e risolvere errori, ottimizzare le prestazioni e migliorare l'esperienza complessiva del gioco. Ecco alcuni strumenti e metodi comuni utilizzati per il debugging e il profiling di giochi roguelike:

1. Console di sviluppo del browser: La console di sviluppo integrata nel browser è uno strumento potente per il debugging JavaScript. Consente di visualizzare gli errori, stampare messaggi di debug e valutare l'esecuzione del codice passo dopo passo. È possibile utilizzare metodi come `console.log()` per stampare informazioni di debug nel codice e verificare i valori delle variabili.

2. Breakpoint: I breakpoint consentono di interrompere l'esecuzione del codice in un punto specifico e controllare lo stato delle variabili e l'esecuzione passo dopo passo. Attraverso gli strumenti di sviluppo del browser, è possibile impostare i breakpoint nel codice e ispezionare il suo comportamento.

3. Strumenti di ispezione degli elementi: Utilizzando gli strumenti di ispezione degli elementi del browser, è possibile esaminare la struttura HTML, il CSS e l'albero DOM del gioco. Ciò può essere utile per identificare problemi di layout, errori di rendering e problemi con gli elementi interattivi.

4. Profiler del browser: I profilers del browser consentono di analizzare le prestazioni del codice, individuare le parti che richiedono più tempo di esecuzione e identificare le ottimizzazioni da apportare. Questi strumenti forniscono informazioni dettagliate sulla durata delle chiamate di funzioni, l'utilizzo della CPU e l'allocation della memoria.

5. Strumenti di visualizzazione delle performance: Esistono strumenti specifici per visualizzare le performance di un gioco roguelike, come la frequenza di aggiornamento, il tempo di rendering e l'utilizzo delle risorse di sistema. Questi strumenti consentono di identificare eventuali ritardi o inefficienze nel codice e apportare le correzioni necessarie.

6. Testing e QA: Il processo di testing è fondamentale per individuare e risolvere bug nel gioco. È possibile creare scenari di test specifici, testare diverse interazioni e verificare la corretta funzionalità del gioco. L'impiego di tester esterni può fornire un punto di vista diverso e aiutare a identificare eventuali problemi.

L'utilizzo di strumenti e metodi di debugging e profiling efficaci consente agli sviluppatori di individuare e risolvere gli errori, ottimizzare le prestazioni e migliorare l'esperienza complessiva del gioco. Questi strumenti forniscono un supporto fondamentale nel processo di sviluppo di un gioco roguelike, consentendo di offrire un prodotto di alta qualità e di garantire un'esperienza di gioco ottimale per i giocatori.

Identificazione e risoluzione dei bug

L'identificazione e la risoluzione dei bug sono una parte essenziale dello sviluppo di un gioco roguelike. I bug possono causare problemi di funzionamento, errori di gioco e compromettere l'esperienza complessiva del giocatore. Ecco alcuni passaggi fondamentali per identificare e risolvere i bug:

1. Riproduzione del bug: Il primo passo per risolvere un bug è riprodurlo. Bisogna capire quali azioni o condizioni specifiche portano all'errore. Registrare passaggi riproducibili aiuta a isolare il problema e a identificare le sue cause.

2. Debugging: Utilizzare strumenti come console di sviluppo, breakpoint e messaggi di log per comprendere il flusso del codice e verificare i valori delle variabili durante l'esecuzione del gioco. Questo aiuta a individuare le parti del codice in cui si verifica il bug e a identificare eventuali errori o valori imprevisti.

3. Analisi del codice: Esaminare attentamente il codice correlato al bug per individuare eventuali errori di logica, errori di sintassi o chiamate di funzioni errate. Revisioni del codice e l'utilizzo di strumenti di analisi statica possono aiutare a individuare problemi comuni come variabili non dichiarate o dichiarazioni ambigue.

4. Testing: Eseguire test mirati per verificare il corretto funzionamento del gioco e identificare eventuali problemi. I test dovrebbero coprire una varietà di scenari e interazioni per assicurarsi che il gioco si comporti come previsto. L'automazione dei

test può essere utile per ripetere i test in modo coerente e rilevare problemi in modo tempestivo.

5. Isolamento del bug: Ridurre il codice al minimo necessario per riprodurre il bug. Questo aiuta a isolare la causa principale e semplifica la risoluzione del problema. Eliminare o commentare parti di codice che non influenzano direttamente il bug può aiutare a individuare la sezione problematica.

6. Risoluzione del bug: Una volta individuata la causa del bug, implementare una soluzione appropriata. Ciò potrebbe richiedere la correzione di un errore di codice, l'aggiunta di una verifica condizionale o l'ottimizzazione di un algoritmo. Testare la soluzione per assicurarsi che il bug sia stato risolto senza introdurre nuovi problemi.
7. Verifica e controllo di qualità: Dopo aver risolto il bug, eseguire ulteriori test per verificare che il problema sia stato completamente risolto e che il gioco funzioni correttamente. Assicurarsi che la correzione del bug non abbia introdotto nuovi errori o comportamenti imprevisti.

L'identificazione e la risoluzione dei bug richiedono pazienza, attenzione ai dettagli e un approccio sistematico. È importante tenere traccia dei bug identificati, delle soluzioni implementate e delle lezioni apprese per migliorare continuamente la qualità del gioco. Un processo di debugging e risoluzione dei bug ben gestito aiuta a fornire un'esperienza di gioco più fluida, affidabile e soddisfacente per i giocatori.

Testing dell'equilibrio di gioco e della difficoltà

Il testing dell'equilibrio di gioco e della difficoltà è un aspetto cruciale nello sviluppo di un gioco roguelike. L'obiettivo è garantire che il gioco offra una sfida bilanciata e una progressione di difficoltà coerente per i giocatori. Ecco alcuni passaggi da seguire per il testing dell'equilibrio di gioco e della difficoltà:

1. Definizione degli obiettivi: Prima di iniziare il testing, è importante stabilire gli obiettivi di equilibrio e difficoltà desiderati per il gioco. Questi obiettivi possono variare a seconda del tipo di gioco e del pubblico di riferimento. Ad esempio, potresti voler garantire che il gioco sia sfidante ma non frustrante, offrendo una curva di apprendimento graduale per i giocatori.

2. Creazione di scenari di test: Per valutare l'equilibrio e la difficoltà del gioco, è necessario creare una serie di scenari di test che coprano una varietà di situazioni. Ciò può includere livelli con diverse configurazioni di nemici, risorse e ostacoli, e valutare come i giocatori si confrontano con queste situazioni.

3. Raccolta di dati: Durante i test, è importante raccogliere dati quantitativi e qualitativi. Puoi registrare il tempo impiegato dai giocatori per completare determinati livelli, il numero di volte che falliscono, le loro strategie di gioco e le loro reazioni emotive. Questi dati possono fornire un'indicazione dell'equilibrio e della difficoltà del gioco.

4. Iterazione e aggiustamenti: Basandosi sui dati raccolti durante i test, è possibile apportare aggiustamenti al gioco per migliorare l'equilibrio e la difficoltà. Ciò potrebbe comportare la modifica delle statistiche dei nemici, la regolazione delle ricompense o la revisione dei livelli per offrire una progressione di difficoltà più graduale. È importante iterare su questi aggiustamenti e testarli nuovamente per valutare i loro effetti.

5. Coinvolgimento dei tester esterni: Oltre ai test interni, coinvolgere tester esterni può fornire una prospettiva fresca e imparziale sul gioco. Gli utenti esterni possono fornire feedback preziosi sull'equilibrio e la difficoltà, identificando eventuali punti deboli o frustranti nel gioco. Assicurarsi di raccogliere e considerare attentamente il feedback dei tester esterni per apportare ulteriori miglioramenti.

6. Testare la riproducibilità: Oltre all'equilibrio e alla difficoltà del gioco, è importante testare la sua riproducibilità. Assicurarsi che i livelli, gli eventi e le meccaniche di gioco siano coerenti e che non ci siano bug o situazioni impreviste che influenzino negativamente l'esperienza dei giocatori.

Il testing dell'equilibrio di gioco e della difficoltà richiede un'attenzione particolare ai dettagli e una valutazione continua del feedback dei giocatori

"La fortuna può sorriderti o voltarti le spalle, ma solo la tua abilità può portarti alla vittoria." - Dungeonmans

Capitolo 7: Conclusioni E Prossimi Passi

Nel capitolo finale, faremo un riassunto dei concetti chiave appresi nel libro e forniremo suggerimenti preziosi per perfezionare e estendere il tuo gioco roguelike. Esploreremo le possibilità di crescita e di ulteriori progetti nel campo dello sviluppo di giochi roguelike con JavaScript.

Riassunto dei concetti chiave appresi nel libro

Durante il percorso di lettura di "Crea il tuo Gioco Roguelike con JavaScript: Guida Passo-Passo per Sviluppatori", hai acquisito una solida comprensione dei fondamenti e delle best practice nello sviluppo di giochi roguelike utilizzando JavaScript. Ecco un riassunto dei concetti chiave appresi nel libro:

- Panoramica del genere dei giochi roguelike: Hai appreso le caratteristiche principali dei giochi roguelike, inclusa la generazione procedurale di livelli, il permadeath e l'aspetto tattico.

- Preparazione dell'ambiente di sviluppo: Hai imparato come configurare correttamente gli strumenti di sviluppo JavaScript e scegliere un framework o una libreria adatta per lo sviluppo del tuo gioco roguelike.

- Creazione della mappa e progettazione della struttura di base del gioco: Hai esplorato le strutture dati per rappresentare la mappa di gioco, la generazione procedurale dei livelli e l'implementazione di un'interfaccia grafica semplice ma efficace.

- Implementazione della logica del gioco: Hai sviluppato la logica del gioco, inclusi il sistema di movimento, l'interazione con gli oggetti e la gestione degli avversari. Hai anche implementato un sistema di morte permanente per aumentare la sfida del gioco.

- Aggiunta di elementi audio al gioco: Hai integrato effetti sonori e musica nel tuo gioco roguelike per creare un'atmosfera coinvolgente e immersiva.

- Ottimizzazione e miglioramento delle prestazioni: Hai acquisito conoscenze su tecniche di ottimizzazione del codice JavaScript, gestione efficiente della memoria e delle risorse, utilizzo di algoritmi efficienti per la generazione dei livelli e calcolo delle AI dei nemici. Hai anche imparato ad utilizzare strumenti di debugging e profiling per individuare e risolvere bug e problemi di performance.

- Testing dell'equilibrio di gioco e della difficoltà: Hai imparato l'importanza di testare l'equilibrio di gioco e la difficoltà per offrire un'esperienza di gioco bilanciata e gratificante. Hai esplorato metodi e strategie per testare e regolare l'equilibrio di gioco.

Attraverso l'esplorazione di questi concetti chiave, hai acquisito una solida base di conoscenze per lo sviluppo di giochi roguelike con JavaScript. Ora sei pronto a mettere in pratica le tue competenze, espandere il tuo gioco roguelike e continuare ad approfondire il campo dello sviluppo di giochi roguelike.

Suggerimenti per il perfezionamento e l'estensione del gioco roguelike

Una volta completato il tuo gioco roguelike utilizzando JavaScript, ci sono diverse possibilità per perfezionarlo e estenderlo ulteriormente. Ecco alcuni suggerimenti per migliorare e arricchire la tua esperienza di gioco:

1. Aggiungi nuovi livelli e contenuti: Esplora la generazione procedurale dei livelli per creare esperienze di gioco sempre diverse. Puoi ampliare la varietà di nemici, oggetti e ambienti, offrendo ai giocatori nuove sfide e scoperte.

2. Implementa un sistema di progressione: Introduce un sistema di progressione che permetta ai giocatori di migliorare le abilità o ottenere nuovi potenziamenti man mano che avanzano nel gioco. Questo può aggiungere un elemento di longevità e motivazione per i giocatori.

3. Aggiungi modalità di gioco alternative: Considera l'aggiunta di modalità di gioco alternative per offrire varietà e sfide diverse. Ad esempio, una modalità a tempo limitato o una modalità hardcore con regole più restrittive.

4. Espandi la narrazione: Se desideri approfondire l'aspetto narrativo del tuo gioco, puoi introdurre una trama coinvolgente, dialoghi con i personaggi non giocanti (NPC) o eventi speciali che si svolgono durante il gioco.

5. Migliora l'interfaccia utente: Dedica del tempo per ottimizzare l'interfaccia utente (UI) del tuo gioco. Crea un layout intuitivo e chiaro, con elementi visivi ben definiti e feedback visivi per migliorare l'esperienza di gioco complessiva.

6. Raccogli feedback e sperimenta: Lascia che i giocatori provino il tuo gioco e raccogli il loro feedback. Utilizza queste informazioni per apportare miglioramenti e apportare modifiche in base alle preferenze dei giocatori.

7. Esplora la modalità multiplayer: Se sei interessato a creare un'esperienza di gioco condivisa, considera l'implementazione di una modalità multiplayer. Potresti consentire ai giocatori di cooperare o competere in tempo reale.

8. Supporto per diverse piattaforme: Se desideri raggiungere un pubblico più ampio, potresti considerare di adattare il tuo gioco roguelike per diverse piattaforme, come dispositivi mobili o console.

9. Connettiti con la comunità di sviluppatori: Partecipa a forum, gruppi di discussione e comunità di sviluppatori di giochi roguelike. Condividi le tue esperienze, impara dagli altri e prendi spunto da progetti simili per continuare a migliorare il tuo gioco.

Sfrutta al massimo le tue competenze di sviluppo e la tua creatività per perfezionare e espandere il tuo gioco roguelike. Ricorda che il processo di sviluppo è continuo, e con dedizione e passione puoi creare un'esperienza di gioco coinvolgente e indimenticabile per i giocatori.

Appendice

Codice sorgente completo del gioco roguelike sviluppato nel libro

roguelike.html

```html
<!doctype html>
<html>
  <head>
    <meta charset="UTF-8">
    <title>Roguelike 0.1</title>
    <script src="https://cdn.jsdelivr.net/npm/rot-js@2/dist/rot.js"></script>
    <script src="roguelike.js"></script>
    <script src="howler.core.js"></script>
    <style>
      @font-face {
        font-family: 'Noto';
        src: url('NotoEmoji-Regular.ttf') format('truetype');
      }
      body {
        font-family: 'Noto';
      }
    </style>
  </head>

  <body onload="Game.init()">
  </body>
</html>
```

roguelike.js

Per accedere al codice completo del gioco roguelike sviluppato nel libro, visita il seguente repository dedicato: https://github.com/uiisse/roguebase.git

Risorse aggiuntive e link utili per ulteriori approfondimenti

A*

L'algoritmo A* (A-star) è un algoritmo di ricerca del percorso utilizzato per trovare il cammino ottimale da un punto di partenza a un punto di destinazione in un grafo ponderato. È ampiamente utilizzato per il calcolo dei percorsi in giochi, simulazioni e applicazioni di intelligenza artificiale.

Ecco una spiegazione dell'algoritmo di percorso A*:

1. Inizializzazione:
   - Si crea un nodo iniziale con la posizione di partenza e si assegna un valore di costo pari a 0.
   - Si crea un insieme di nodi visitati e si aggiunge il nodo iniziale.
   - Si crea un insieme di nodi da esaminare e si aggiunge il nodo iniziale.

2. Ciclo principale:
   - Finchè l'insieme dei nodi da esaminare non è vuoto:
   - Si seleziona il nodo con il costo più basso dall'insieme dei nodi da esaminare.
   - Se il nodo selezionato corrisponde alla posizione di destinazione, si ha trovato il percorso ottimale.
   - Altrimenti, si considerano i vicini del nodo corrente:
   - Per ogni vicino:
   - Si calcola il costo totale per raggiungere il vicino: somma del costo del nodo corrente e del costo per raggiungere il vicino.
   - Se il vicino non è stato visitato o ha un costo inferiore rispetto al valore precedente, si aggiorna il costo e si imposta il nodo corrente come genitore del vicino.
   - Si aggiunge il vicino all'insieme dei nodi da esaminare se non è già presente.

3. Costruzione del percorso:
   - Dopo aver trovato il nodo di destinazione, si risale la catena dei genitori partendo da tale nodo fino al nodo di partenza.

- In questo modo si ottiene il percorso ottimale dal nodo di partenza al nodo di destinazione.

L'algoritmo A* utilizza due valori per determinare il costo totale di un nodo:
- G(n): il costo per raggiungere il nodo corrente dal nodo di partenza.
- H(n): un'euristica che stima il costo stimato per raggiungere il nodo di destinazione dal nodo corrente.

La funzione di valutazione F(n) di un nodo è data da: F(n) = G(n) + H(n).
L'algoritmo A* seleziona i nodi con il valore F(n) più basso, prendendo in considerazione sia il costo effettivo fino a quel punto (G(n)) che una stima del costo rimanente (H(n)).

L'euristica H(n) può variare a seconda del contesto. Una delle euristiche più comuni è la distanza euclidea o la distanza di Manhattan tra il nodo corrente e il nodo di destinazione.

L'algoritmo A* è completo (trova sempre una soluzione se esiste) e ottimale (trova sempre la soluzione con il costo minimo). Tuttavia, la sua efficienza può essere influenzata dalla complessità del grafo e dalla scelta dell'euristica.

L'algoritmo A* è ampiamente utilizzato per il calcolo dei percorsi in giochi roguelike e in altri contesti

Git

Git è una piattaforma di controllo versione distribuito ampiamente utilizzata per il tracciamento delle modifiche ai file e la collaborazione tra sviluppatori. È stato inventato da Linus Torvalds nel 2005, il creatore del sistema operativo Linux, ed è diventato uno strumento fondamentale nello sviluppo software.

Git è un software open-source distribuito sotto la licenza GNU General Public License (GPL) versione 2.0. Ciò significa che è possibile utilizzare Git gratuitamente, studiarne il codice sorgente, modificarlo e distribuirlo secondo i termini della licenza. La licenza

GPL promuove la condivisione e la collaborazione, garantendo che le modifiche apportate a Git siano disponibili per la comunità open-source.

Lo scopo principale di Git è gestire il versionamento del codice sorgente durante lo sviluppo software. Consente ai team di sviluppatori di tenere traccia delle modifiche apportate ai file nel tempo, creare rami separati per lavorare su nuove funzionalità o correzioni di bug, e unire facilmente i cambiamenti quando sono pronti.

Una delle caratteristiche distintive di Git è la sua natura distribuita. Ogni membro del team ha una copia completa del repository, consentendo loro di lavorare in modo autonomo anche senza una connessione di rete. Questo rende Git molto flessibile e adatto per il lavoro in remoto o per progetti distribuiti su più sistemi.

Git utilizza un sistema di controllo versione basato su snapshot, in cui le modifiche vengono registrate come istantanee (snapshot) dello stato dei file. Questo rende il ripristino delle versioni precedenti dei file efficiente e consente di gestire i conflitti che possono verificarsi quando due o più persone modificano lo stesso file contemporaneamente.

Oltre alla gestione del codice sorgente, Git è stato ampiamente adottato anche per il versionamento di altri tipi di file, come documenti, immagini e dati. È possibile utilizzare Git per tenere traccia delle modifiche a qualsiasi tipo di file e creare una cronologia completa delle revisioni nel tempo.

Git è supportato da una varietà di strumenti e servizi di hosting, come GitHub, GitLab e Bitbucket, che semplificano la collaborazione e la condivisione dei repository Git. Queste piattaforme offrono funzionalità aggiuntive, come il tracciamento degli errori, i processi di integrazione continua e la gestione delle richieste di pull, che migliorano ulteriormente il flusso di lavoro degli sviluppatori.

In sintesi, Git è una piattaforma di controllo versione distribuito, open-source e altamente flessibile, che consente di gestire il versionamento dei file durante lo sviluppo software. È ampiamente utilizzato nella comunità di sviluppo per la gestione delle modifiche, la collaborazione e la condivisione dei progetti.

JavaScript

JavaScript è un linguaggio di programmazione ad alto livello, interpretato e orientato agli oggetti, utilizzato principalmente per lo sviluppo di applicazioni web interattive. È stato inventato da Brendan Eich nel 1995 mentre lavorava per Netscape Communications Corporation.

JavaScript è diventato uno dei linguaggi di programmazione più diffusi al mondo grazie alla sua capacità di fornire funzionalità dinamiche e interattive alle pagine web. È supportato da tutti i principali browser moderni e può essere eseguito sia lato client che lato server, grazie a piattaforme come Node.js.

Il linguaggio JavaScript è stato standardizzato con l'introduzione delle specifiche ECMAScript, sviluppate dall'organizzazione Ecma International. L'ultima versione stabile è ECMAScript 2021, che include nuove funzionalità e miglioramenti al linguaggio.

JavaScript è un linguaggio open-source e la sua implementazione principale, chiamata SpiderMonkey, è distribuita sotto la licenza MPL (Mozilla Public License). Questa licenza consente di utilizzare, modificare e distribuire il codice sorgente di JavaScript gratuitamente e senza restrizioni significative.

Il principale scopo di JavaScript è quello di fornire interattività e dinamicità alle pagine web. Grazie al supporto per la manipolazione del DOM (Document Object Model), JavaScript consente di creare effetti visivi, gestire eventi, validare input utente e interagire con i servizi web.

Oltre all'uso nel contesto delle applicazioni web, JavaScript viene utilizzato anche per lo sviluppo di applicazioni desktop, applicazioni mobile ibride, giochi, server web e molto altro. Il vasto ecosistema di librerie e framework JavaScript, come React, Angular e Vue.js, offre strumenti potenti per lo sviluppo di applicazioni complesse e scalabili.

JavaScript è un linguaggio flessibile e adatto a sviluppatori di diversi livelli di esperienza. La sua sintassi è simile ad altri linguaggi di programmazione come Java e C++, ma presenta anche alcune caratteristiche uniche. JavaScript supporta la programmazione orientata agli oggetti, la programmazione funzionale e fornisce un'ampia gamma di funzioni integrate per la gestione delle stringhe, degli array e altro ancora.

Negli ultimi anni, JavaScript ha continuato a evolversi rapidamente, fornendo nuove funzionalità e migliorando le prestazioni. È diventato uno strumento fondamentale per lo sviluppo web moderno, consentendo di creare applicazioni complesse, interattive e coinvolgenti per gli utenti di tutto il mondo.

NotoFont

Il font NotoEmoji è stato sviluppato e creato da Google. Fa parte del progetto "Noto Fonts", che mira a fornire una vasta gamma di font gratuiti e open-source che supportano tutti i caratteri Unicode.

NotoEmoji è progettato per visualizzare correttamente le emoji su diverse piattaforme e dispositivi, garantendo una consistenza visiva e una copertura completa delle emoji Unicode. Il font include una vasta gamma di emoji, comprese quelle utilizzate comunemente nei messaggi di testo, nelle applicazioni di messaggistica e nei social media.

Il font NotoEmoji è distribuito sotto la licenza Apache 2.0, che è una licenza open-source che consente un utilizzo libero, anche per scopi commerciali, modifica e distribuzione del font. Questo significa che puoi utilizzare il font NotoEmoji nel tuo progetto di gioco roguelike senza preoccuparti di violare le restrizioni di copyright.

Inoltre, il font NotoEmoji è compatibile con una vasta gamma di sistemi operativi e piattaforme, inclusi Windows, macOS, Linux, iOS e Android. Ciò garantisce che le emoji visualizzate nel tuo gioco roguelike siano correttamente visualizzate e riconoscibili su diverse piattaforme.

L'utilizzo del font NotoEmoji nel tuo gioco roguelike può fornire una rappresentazione visiva accattivante e coinvolgente per i personaggi, gli oggetti e le entità nel gioco. Puoi sfruttare le emoji per aggiungere dettagli visivi, espressioni facciali o persino elementi di gioco specifici.

Tieni presente che, sebbene il font NotoEmoji sia ampiamente utilizzato e supportato, potrebbe essere necessario includere il file del font nella tua distribuzione del gioco e rispettare le relative condizioni di licenza per un uso conforme.

Con l'utilizzo del font NotoEmoji, puoi aggiungere un tocco visivo divertente e riconoscibile al tuo gioco roguelike, migliorando l'esperienza di gioco per i giocatori e creando un'atmosfera unica e distintiva.

Attribuzioni e Licenze di Terze Parti

rot.js

Il framework rot.js utilizza la licenza MIT. Per ulteriori informazioni sulla licenza, si prega di visitare il repository ufficiale di rot.js su GitHub.

https://github.com/ondras/rot.js/blob/master/license.txt
https://ondras.github.io/rot.js/hp/

howler.js

Il framework howler.js utilizza la licenza MIT. Per ulteriori informazioni sulla licenza, si prega di visitare il repository ufficiale di howler.js su GitHub.

https://github.com/goldfire/howler.js/blob/master/LICENSE.md
https://github.com/goldfire/howler.js.git
https://howlerjs.com/

Links utili

emoji

https://emojipedia.org/

Nota alla programmazione: quando abbiamo definito le variabili risorsa con carattere emoji, avrai notato la seguente definizione:

```
const carPietre = String.fromCharCode(9968)
```

Che precedeva ad esempio:

```
const carScarpa = '👞'
```

Nella prima definizione, la costante `carPietre` utilizza il metodo `String.fromCharCode(9968)` per ottenere un carattere a partire dal suo codice Unicode. Il numero 9968 rappresenta il codice Unicode del carattere che rappresenta una pietra. Questo metodo restituisce una stringa contenente il carattere corrispondente al codice Unicode specificato.

Nella seconda definizione, la costante `carScarpa` è una stringa letterale che contiene direttamente l'emoji rappresentante una scarpa (👞). In JavaScript, gli emoji possono essere rappresentati come sequenze di caratteri Unicode speciali.
In sintesi, la prima definizione utilizza il codice Unicode per generare il carattere desiderato, mentre la seconda definizione utilizza direttamente l'emoji come una stringa letterale.

howler.js

https://howlerjs.com/

rot.js

https://ondras.github.io/rot.js/hp/

Elenco Dei Libri Dello Stesso Autore

- **Crea il tuo Gioco Platform con JavaScript: Guida Passo-Passo per Sviluppatori alla Fisica dei Giochi**
  https://amzn.eu/d/38cr4lE

- **Quaderno delle Password: Un Taccuino Privato e Organizer di Password con schede in Ordine Alfabetico A-Z per Tenere Traccia e Proteggere i tuoi Dati. Ideale per Genitori, Papà, Mamma, Nonne e Nonni**
  https://amzn.eu/d/aGLuvdV

- **Design Patterns in Python e Java: Una Guida Introduttiva E Completa Ai Modelli Di Progettazione**
  https://amzn.eu/d/1OzzUFS

www.ingramcontent.com/pod-product-compliance
Lightning Source LLC
LaVergne TN
LVHW081347050326
832903LV00024B/1356